Collection dirigée par Denis HUISMAN

Platon

République

Livre VII

Notes et commentaires de

Bernard Piettre
Professeur agrégé de philosophie
au lycée Thuillier d'Amiens

Préface de

Pierre Aubenque
Professeur à l'Université de Paris-IV

les Intégrales de philo

Nathan

Sommaire

Préface

Il ne serait sans doute ni vrai ni opportun de présenter le platonisme comme un corps de vérités « éternelles », dont la méditation s'imposerait, telle une sorte d'épreuve initiatique, aux jeunes gens d'aujourd'hui comme à ceux d'hier ou de demain. Il serait trop aisé d'objecter que le platonisme est apparu à une époque déterminée de l'histoire du monde, qu'il reflète une situation et des difficultés qui ne sont plus les nôtres, qu'il répond à des besoins, à des interrogations, sans doute aussi à une attente, qui furent d'abord ceux de son temps. Cela est particulièrement vrai d'un ouvrage intitulé la *République*, d'où les préoccupations immédiatement politiques sont évidemment loin d'être absentes.

Mais de ce qu'une doctrine est historiquement datée, il ne s'ensuit pas qu'elle cesse d'être actuelle. Il est des philosophies qui, même et surtout si elles revendiquent le privilège de la nouveauté, sont vieillies avant même que d'apparaître : justifications d'arrière-garde, célébrations *post-festum* ou, au contraire, projections inversées de quelque insatisfaction dans un passé mythique ou un avenir illusoire. Mais il en est d'autres – osons dire : les grandes – qui, quand bien même l'apologie et le ressentiment ne seraient pas entièrement absents de leurs motivations, transcendent les occasions historiques de leur surgissement : de telles philosophies ne sont pas seulement des produits de l'histoire, mais sont elles-mêmes créatrices d'histoire. De cette sorte est sans aucun doute la philosophie de Platon. Et qu'elle soit créatrice d'histoire, cela ne signifie pas seulement qu'elle a exercé, comme on dit, une grande influence dans l'histoire des idées, mais qu'elle a marqué de son empreinte des façons de penser – non seulement philosophiques, mais aussi bien scientifiques – et des modes d'action – morale et politique, mais aussi bien technique – qui, aujourd'hui encore, que nous le voulions ou non, continuent de nous gouverner.

La *République* de Platon – et singulièrement son livre VII – est le lieu où s'accomplit ce que Heidegger appelle un « tournant dans la détermination de l'essence de la vérité ». Ce tournant s'exprime d'abord dans le renversement que symbolise l'allégorie de la caverne et qui consiste à transférer à l'intelligible l'être véritable, que nous attribuions jusqu'alors au sensible. L'intelligible est ce que Platon appelle l'Idée, en grec *idea* ou *eidos*. On a souvent remarqué que ces deux termes sont en rapport avec l'une des racines du verbe qui, en grec, signifie « voir »: paradoxe de plus, qui veut donner à penser que cela même qui est invisible pour les yeux du corps peut être ce qu'il y a de plus manifeste pour les yeux de l'esprit. Mais il faut ajouter qu'*eidos* signifie plus précisément « figure » ; à l'intérieur des choses « visibles », la figure est tout le contraire d'un arrière-plan ou d'un horizon : elle a des contours, elle enferme un certain contenu dans des limites. Le maniement de ce contenant qu'est l'Idée contraint, sans jeu de mots, la pensée à une sorte de continence, puisqu'il la détourne des effusions, des extrapolations, des transgressions. Cette discipline qui, pour employer un terme platonicien, est celle de la rectitude, soumet la richesse du sensible au « joug » de l'Idée, enferme la multiplicité luxuriante des choses dans l'unité de l'Idée qui les régit. On voit ce que le platonisme nous a fait gagner : la rigueur de la représentation, qui rend désormais possible l'investigation progressive et réglée de l'étant, même phénoménal ; parallèlement, l'efficacité d'une pratique qui ne se détache d'abord des phénomènes que pour mieux leur imposer le modèle idéal reconnu par la théorie. Mais on devine aussi le prix payé par la pensée pour gagner ce surcroît de puissance : l'abandon, voire le mépris, de tout ce qui bouge, vit, se diversifie à l'infini (cet infini dont les Grecs de l'âge classique avaient horreur) dans le chatoiement imprévisible des singularités. Platon ne voulait-il pas chasser les poètes de sa cité ?

On conçoit donc que le platonisme ait suscité une protestation, qui ne commence pas, comme on le croit quelquefois, avec Nietzsche, mais est presque aussi vieille que le platonisme lui-même. À la tutelle monotone du bien platonicien, Aristote opposait déjà la polysémie foisonnante de l'être ; contre l'intelligibilité uniformisante de l'Idée – d'une Idée médiatisée tout au plus par le réseau des relations mathématiques – le même Aristote affirmait l'irréductibilité et l'ineffabilité de l'individu. Nombreux sont ceux qui, aujourd'hui, opposent à la philosophie platonicienne de la « répétition » les droits – et d'abord le fait – de la « dissémination » ou de la « différence ».

Mais comment parler de la différence sans avoir quelque idée de l'unité ? Comment reconnaître comme telle la dissémination si l'on n'a pas en soi quelque nostalgie du recueillement? Le platonisme, non content d'avoir marqué notre destin, demeure plus qu'on ne le croit notre patrie spirituelle : témoin tant d'exilés du platonisme, si vigilants depuis Nietzsche et qui, pourtant, s'accusent mutuellement de rester enfermés dans les rets de ce qu'ils prétendaient combattre.

Le platonisme n'est rien qui aille de soi et qui puisse élever une prétention native à la vérité. Il n'est pas davantage ce monstre idéologique, fruit du ressentiment et de l'esprit de vengeance, à quoi seraient imputables tous nos maux. Il est une pensée vivante, interrogeante, et qui peut encore réserver quelques surprises aux esprits les plus prévenus. Une lecture attentive convaincra sans doute les uns que la parole dialoguée de Platon fait souvent leur part aux raisons de l'adversaire et qu'elle se laisse malaisément mettre en formules ou réduire à un système. Quant aux autres, il convient de leur rappeler qu'il faut savoir ce qu'est le platonisme pour savoir ce que c'est que de le quitter : peut-être s'apercevront-ils alors que l'on peut mettre en question le platonisme sans rester infidèle à Platon.

Pierre Aubenque
Professeur à l'Université de Paris-Sorbonne

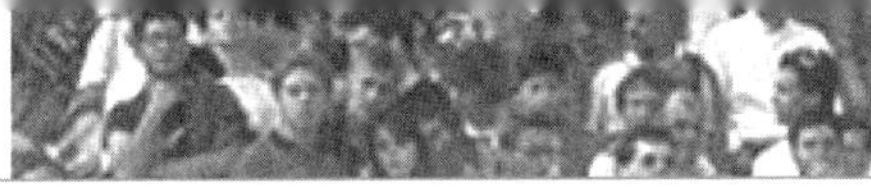

Biographie de Platon

(428 ou 427-348 ou 347 av. J.-C.)

1. La jeunesse : des ambitions politiques déçues

Platon est né un an ou deux après la mort de Périclès (429 av. J.-C.). Sa naissance survient quand sonne la fin de l'apogée athénienne. Platon, dans sa jeunesse, est le témoin des guerres du Péloponnèse, de l'effondrement d'Athènes, et, au début du IVe siècle, de l'affaiblissement de Sparte, de la décadence de l'ensemble des cités grecques. Platon ne meurt que dix ans avant l'achèvement de la conquête de la Grèce par Philippe.

Tout destinait Platon à une carrière politique. Il était en effet issu d'une des familles les plus illustres d'Athènes. Son père Ariston, qui avait été un fidèle de l'entourage de Périclès, descendrait du dernier roi d'Athènes, Cedrus. Sa mère, Perictonè, appartenait également à une vieille famille : un de ses ancêtres était un ami du grand législateur Solon. Elle était cousine de Critias, un des membres du gouvernement des Trente, installé après la capitulation d'Athènes devant Sparte[1], et sœur de Charmide auquel ce même gouvernement avait confié des fonctions importantes (commissaire du Pirée).

Voici ce qu'écrit Platon dans la *Lettre VII* : « Au temps de ma jeunesse, j'eus la même ambition que beaucoup de jeunes gens. Je me promis, dès le jour où je serais maître de mes actions, d'entrer sur le champ dans la carrière politique. » Or, une série d'événements devaient le détourner de la politique à laquelle il préféra la quête philosophique :

– d'abord, la fréquentation de Socrate, qui lui fit découvrir le royaume de la philosophie ;

– ensuite, l'échec du gouvernement des Trente, dans lequel étaient impliqués des proches de sa famille, et qui se comporta d'une manière despotique et sanguinaire (responsable de 1 500 exécutions sommaires en moins d'un an) – échec d'autant plus cruellement ressenti par Platon que, comme l'ensemble de son milieu, il était du parti aristocratique et un admirateur de Sparte ;

1. Voir **Contexte historique de l'œuvre**, §3, p. 25.

– enfin et surtout (quelques années après le gouvernement des Trente, en 399 av. J.-C., alors que la démocratie avait été restaurée), la condamnation à mort du sage Socrate : le philosophe est incompris par ses concitoyens. Pour Platon, philosophie et participation aux affaires de la cité paraissent dorénavant incompatibles.

2. Une éducation confrontée à l'influence des sophistes

Quelle éducation Platon reçut-il dans sa jeunesse ?

Ce fut d'abord l'éducation de tout jeune Athénien : apprentissage de la poésie (Homère, en particulier), de la musique (flûte, cithare[1]), de la gymnastique. Mais ce fut aussi celle que lui offrait son milieu et qui lui permit sans doute d'acquérir une formation intellectuelle diversifiée et solide, de se familiariser avec les poètes et les penseurs – sophistes, savants et philosophes – de son temps (on raconte même que Platon aurait écrit des tragédies qu'il aurait ensuite détruites). Il devait être familier des conceptions physiques des philosophes présocratiques[2]. Il est possible qu'il ait reçu des leçons d'un sophiste qui paracheva sa formation politique, rhétorique.

Qui étaient les sophistes ? Des conférenciers itinérants, de Sicile ou de cités étrangères, attirant partout de nombreux auditeurs, en particulier à Athènes où l'on était réputé pour priser le verbe et la discussion, et où Platon et la jeunesse dorée athénienne, en quête de beaux discours, ne devaient manquer aucune occasion d'aller les écouter.

Les parents qui en avaient les moyens, pouvaient confier le soin de parfaire l'éducation de leurs fils à des sophistes qui se chargeaient de leur enseigner la rhétorique et, d'une manière générale, tout ce qui leur permettrait de devenir des hommes politiques accomplis[3].

Dans un régime démocratique comme celui d'Athènes, la parole était souveraine. Il fallait oser prendre la parole à l'assemblée ; il fallait savoir se défendre dans les tribunaux. Or, les sophistes enseignaient l'art de parler et de discourir, l'art de persuader de la vérité d'une thèse aussi bien que de celle de la thèse contraire. Nombre d'entre eux ont laissé des ouvrages de rhétorique, ou traités d'éloquence.

Certains sophistes avaient acquis une grande notoriété, non seulement à titre de rhéteurs, mais aussi à titre de philosophes : ainsi de Protagoras, de Gorgias, d'Hippias. Leurs conceptions philosophiques ont ceci de commun qu'elles mettent en question l'existence de vérités ou de normes objectives.

1. Poésie et musique se complétaient l'une l'autre. La récitation de poèmes s'accompagnait de cithare et de flûte. La tragédie laissait une large part à des parties chantées.
2. Voir **Contexte historique de l'œuvre**, §1, p. 21.
3. Voir **Documents**, extrait du *Gorgias*, pp. 120-122.

« L'homme est la mesure de toutes choses », nous dit Protagoras, « de ce qui est et de ce qui n'est pas » : de ce qui est vrai et de ce qui ne l'est pas, de ce qui est juste et de ce qui ne l'est pas. Les dieux semblent exister pour les uns et ne pas exister pour les autres. La terre semble plate pour les uns et ronde pour les autres. D'ailleurs, sur les secrets de la formation et de la structure de l'univers, les philosophes et les savants, de Thalès à Empédocle, ne se sont-ils pas tous contredits ? La justice c'est ce qui apparaît juste aux hommes, c'est-à-dire à la plupart dans une cité – la démocratie est ainsi justifiée. Il n'y a pas de vérités dans le domaine de la connaissance de la cosmologie, ni non plus dans le domaine de la morale et de la politique... qui s'imposent à l'homme et avec lesquelles l'homme doit se mesurer : c'est l'homme qui est la mesure des vérités et des valeurs.

Le relativisme de Protagoras devient scepticisme radical chez Gorgias : il n'y a pas de vérité du tout. Ce qui « est » n'est jamais identique à « ce qui est dit ». S'il est une vérité, elle est inconnaissable ; si elle est inconnaissable, elle est indicible ; le discours est roi. Ce qui est vrai, c'est donc ce que je parviens à persuader comme étant vrai.

Le relativisme de Protagoras est accentué par d'autres sophistes dans le domaine moral et politique : les lois dictant ce qui est juste, ne sont que des inventions des hommes pour contrecarrer leurs égoïsmes naturels. Il n'y a pas de justice « naturelle », universelle, immuable (Hippias) ; les prescriptions de justice ne sont que des conventions arbitraires changeant de cité à cité, nécessaires mais sans fondement dans la nature des choses. De même, les dieux sont une invention des hommes et les cultes, purement conventionnels, utiles pour consolider les institutions de la cité (Antiphon, Critias).

Cette philosophie aboutit à ceci que, dans la cité, peu importe la moralité civique, religieuse, admise ou inculquée, tout cela n'est que conventions s'opposant à la nature de l'homme : l'égoïsme est naturel, le désir de puissance est naturel (Thrasymaque).

Et la politique est naturellement une affaire de puissance et non de morale. Or la parole est une puissance. Il est donc naturel que le plus habile orateur, le plus persuasif l'emporte.

Pas de justice, pas de vérité au-dessus des hommes, seulement des volontés de puissance qui parviennent à s'imposer grâce aux discours. Telle est finalement l'« idéologie » des sophistes, idéologie qui légitime l'importance de la rhétorique et de son enseignement, mais qui, plus grave, signifie l'usage des institutions démocratiques en vue de faire triompher ses ambitions personnelles, et qui, donc, justifie la démagogie.

Cette mentalité gagnait largement les couches favorisées, et donc le milieu dans lequel évoluait Platon. Pourtant celui-ci s'en démarqua totalement... La rencontre de Socrate fut à cet égard décisive.

3. La découverte d'un authentique philosophe : Socrate

Le jeune Platon fut séduit par cet homme sans cesse en conversation dans les ruelles d'Athènes avec jeunes et moins jeunes, et que les gens devaient prendre pour un sophiste, pour un beau parleur et un habile raisonneur.

Tout, cependant, différenciait Socrate des sophistes : bien loin d'être un conférencier itinérant venu de l'étranger, il était citoyen d'Athènes, et ne quitta jamais les murs de sa ville (sinon comme soldat). Loin de chercher à se faire applaudir par de belles prestations oratoires, il interrogeait passants, jeunes gens, boutiquiers, artisans, hommes politiques, poètes...

Socrate affirmait qu'il n'y avait qu'une chose qu'il savait, c'est qu'il ne savait rien. Et en interrogeant les uns et les autres, il attendait d'eux qu'ils lui apportassent quelque savoir. Or il constatait non seulement que ses interlocuteurs étaient aussi ignorants que lui mais que, plus grave, ils croyaient savoir quelque chose alors que lui était au moins conscient de ne rien savoir, et telle était en tout cas sa supériorité sur eux. Certes, un forgeron en savait davantage que lui sur l'art de forger le métal, un tisserand sur l'art de tisser, etc. Mais sur cette question fondamentale : *Qu'est-ce que le bien ?* – entendons : Qu'est-ce qui est *bien* dans l'existence d'un homme, qu'est-ce qui doit être la fin de cette existence ? – les hommes paraissent se contenter de la plus complète ignorance.

Socrate pensait être investi d'une mission divine. L'oracle de Delphes ne lui avait-il pas dit qu'il était le plus sage des hommes ?

Il existe en effet un savoir divin en chacun de nous, un savoir de ce qui est bien, de ce qui doit éclairer notre conduite. Le méchant est un ignorant. Mais l'ignorance se présente le plus souvent comme sûre d'elle-même, alors que la reconnaissance de son ignorance constitue le début de la sagesse[1].

Se savoir ignorant, c'est se rendre disponible pour la découverte de la connaissance de la vérité et du bien qui est en nous : connaissance de ce qu'est la vertu, le courage, la justice, la piété, etc.

Extirper de l'âme cette sagesse divine qu'elle porte en elle, tel est le but de la mission dont Socrate se pense investi par le Dieu. De même que sa mère, sage-femme, accouchait les corps – se plaisait-il à dire –, il accouchait les âmes. D'où le nom de *maïeutique* (en grec *maieuesthai* signifie « accoucher ») donné à la méthode socratique.

En quoi consiste cette méthode ? Socrate, en interrogeant ses interlocuteurs feint, quant à lui, de ne rien savoir. Aussi coupe-t-il court aux longs développements brillants et exige-t-il, du fait de l'ignorance et de la balour-

1. Voir **Documents**, extrait de l'*Apologie de Socrate*, pp. 119-120.

dise qu'il affecte, des explications précises et rigoureuses sur le sujet débattu. De fil en aiguille, à force de questions insistantes, apparemment futiles, il révèle à son interlocuteur les contradictions, les incertitudes de son langage et le met ainsi dans l'embarras. Si son contradicteur se met à douter de ses affirmations, s'il admet son ignorance, ou alors s'il s'agit d'un jeune homme sans préjugé, sans prétention, plein de zèle pour la recherche de la vérité, dans ce cas, Socrate l'amène – en jouant toujours le rôle de l'ignorant qui questionne et jamais celui du maître qui donne les réponses – à découvrir par lui-même la vérité dont son esprit est riche.

Affirmation d'une vérité supérieure, d'une sagesse divine qui s'impose aux hommes : la sagesse socratique est à l'opposé du scepticisme ou du subjectivisme des sophistes pour lesquels il n'y a de vérité que celle qu'on impose aux autres. Sans doute Socrate affirmait-il ne rien savoir. Mais le savoir que chacun peut tirer de son âme, il ne le tient pas de lui-même mais des dieux. Peut-être est-ce là, déjà, une façon de lire Socrate influencée par ce qu'en dit Platon.

Car, d'après le témoignage de Platon comme de Xénophon, on est loin avec Socrate du scepticisme religieux ou de l'« agnosticisme » des sophistes, bien qu'Aristophane de son côté raille Socrate dans sa comédie *Les Nuées,* en en faisant un sophiste et un spéculateur sur les phénomènes naturels qui n'a que faire de l'existence des dieux pour en rendre compte. Mais les préceptes que Socrate faisait siens : « Connais-toi toi-même », « Rien de trop » étaient ceux que l'on pouvait lire inscrits sur le temple de Delphes. Et Socrate prétendait être investi d'une mission particulière auprès de ses concitoyens par le dieu Apollon, auquel était consacré le temple de Delphes.

Ces préceptes éclairent d'ailleurs la leçon d'humilité qu'on pouvait tirer de ses interrogations. La philosophie est une école de la raison et, partant, une école d'humilité. « Connais-toi toi-même » : connais-tes limites, mais aussi le trésor de sagesse qui est en toi ; « Rien de trop » : chasse de toi la démesure de la volonté de puissance et des égoïsmes qui, loin d'être naturels, contrecarrent l'ordre divin de la nature.

Cet enseignement purement oral de Socrate (et relativement difficile à reconstituer) eut une influence considérable sur la pensée de Platon.

4. Le traumatisme du procès et de la mort de Socrate

Platon dut rencontrer Socrate vers l'âge de vingt ans (vers 408 av. J.-C.). Il éprouva pour lui, comme d'autres jeunes gens de son milieu, une vive admiration. Socrate, en dépit de son apparence négligée, et d'un visage – à ce qu'on dit – disgracieux, exerçait une étrange séduction sur ceux qui l'entouraient. Platon s'attacha à lui dix ans durant, jusqu'en 399 av. J.-C., date à laquelle Socrate fut condamné à mort.

Après la tyrannie cruelle des Trente, alors que la démocratie était restaurée (et bien que le nouveau régime fît preuve de modération pour assouvir les rancunes), le peuple gardait quelque ressentiment contre ceux dont il jugeait que l'influence avait été pernicieuse sur la vie morale et politique d'Athènes et dont la liberté de pensée et d'allure les rendait coupables d'être des ennemis de la cité. Déjà avaient été accusés d'impiété Protagoras (en 416 av. J.-C.) et Anaxagore (en 431 av. J.-C.) – le premier fut même condamné à mort et réussit à s'enfuir ; le second s'exila lui-même d'Athènes. C'était maintenant le tour de Socrate.

Socrate fut accusé de ne pas croire aux dieux de la cité et de corrompre la jeunesse.

La volonté de Socrate d'être fidèle à la parole de l'oracle et de se mettre au service du dieu (dont l'oracle était l'interprète) contredit le premier chef d'accusation.

S'il exerçait en outre un charisme sur la jeunesse et, parmi elle, sur un Alcibiade qui lança Athènes dans la désastreuse expédition de Sicile et sur un Charmide qui s'était compromis avec le régime des Trente, il ne leur avait pas enseigné la démesure, ni que l'injustice vaut mieux que la justice. D'ailleurs il refusa de se faire complice des iniquités de ce régime, qui lui avait demandé de prendre part à l'arrestation d'un innocent.

Celui dont Platon dit qu'« entre tous ceux que de son temps il lui avait été donné de connaître, il fut le meilleur, le plus sage et le plus juste », fut condamné par l'Héliée à boire la cigüe. Condamnation injuste, insensée qui marqua profondément Platon, et orienta d'une façon décisive sa vie et sa pensée.

5. Voyages de Platon après la mort de Socrate. La découverte du pythagorisme

Platon quitta Athènes dans les années qui suivirent la mort de Socrate. Outre sa participation en tant que cavalier à la bataille de Corinthe contre les Spartiates (394 av. J.- C.), et de brefs retours à Athènes, il semble que Platon ait voyagé : en Égypte, peut- être en Asie Mineure, en Crète, dans le sud de l'Italie et en Sicile. Dans ces deux dernières régions, il eut certainement des contacts avec les écoles pythagoriciennes qui y étaient établies. Il rencontra le pythagoricien Archytas, gouverneur de Tarente en même temps que savant renommé.

Le *pythagorisme* constitue un mouvement de pensée original et influent, mêlant essentiellement science et ésotérisme. On connaît surtout Pythagore, d'ailleurs figure plus ou moins légendaire, comme mathématicien ; on oublie qu'il aurait été aussi le fondateur de sectes qui portaient son nom et dont les ambitions auraient été autant politiques que religieuses et philosophiques.

Selon la philosophie pythagoricienne, le monde est régi par le nombre[1]. C'est le nombre, et non les réalités matérielles, qui tisse la structure du monde. Par exemple, comme le révèle l'astronomie, les astres sont régis entre eux par des rapports numériques précis ; de même, les instruments de musique produisent des sons qui ont entre eux des rapports numériques précis (on est en effet redevable aux pythagoriciens de la connaissance des rapports mathématiques qui sous-tendent les hauteurs de son d'une gamme, depuis l'octave jusqu'au ton et le demi-ton, en passant par la quarte et la quinte). Ainsi, une même harmonie présiderait à l'univers céleste et à la musique, la connaissance consistant à s'élever à la considération de l'harmonie cosmique, à s'en pénétrer... par l'étude des mathématiques, de l'astronomie, de l'harmonie (c'est-à-dire des harmonies sonores) ainsi que de la médecine (science des harmonies et dysharmonies entre les parties du corps, et du corps avec le cosmos).

À ces théories s'ajoutent une croyance à la métempsychose, c'est-à-dire à une réincarnation successive des âmes ; des pratiques et des cultes ésotériques que les sectes pythagoriciennes entretenaient, en particulier la pratique du végétarianisme et donc le refus de sacrifier des animaux aux dieux ; enfin une politique, prônant le gouvernement de la cité par les savants.

La théorie de la métempsychose, le gouvernement de la cité par les sages, sans parler de l'importance accordée aux mathématiques et à l'astronomie, tout cela se retrouvera dans la pensée de Platon. Socrate et le pythagorisme constituent les deux sources principales de la pensée platonicienne.

On ne sait pas quels furent exactement tous les voyages effectués par Platon, mais l'on sait qu'en 388 av. J.-C. il fut reçu à la cour du tyran Denys de Syracuse. Il se lia d'amitié avec le jeune beau-frère de Denys, Dion. Denys prit ombrage sans doute de ces personnages encombrants et se mêlant d'un peu trop près de ses affaires politiques. Platon fut chassé : embarqué un beau matin sur le navire d'un Spartiate, il fut laissé en cours de route dans l'île d'Égine, alors en guerre contre Athènes. Là, en tant qu'Athénien, il aurait été réduit en esclavage puis heureusement racheté par un certain Annicéris qui, l'ayant reconnu, aurait pu ainsi le ramener à Athènes.

6. La fondation de l'Académie

À son retour à Athènes en 387 av. J.-C., Platon fonde l'Académie.

Qu'est-ce que l'Académie ? Une école sans doute plus ou moins inspirée des sectes pythagoriciennes. On peut imaginer une sorte d'université comportant des salles d'étude, de réunion, des bibliothèques, des musées et aussi des réfectoires où l'on prenait ses repas en commun, des déambulatoires, des endroits semblables à nos chapelles où l'on devait s'acquitter de certains cultes.

1. Voir **Documents**, textes d'Aristote et de Philolaos sur les pythagoriciens, pp. 123-124.

L'Académie était un lieu de rencontre intellectuelle qui devint rapidement célèbre. On y enseignait aussi bien les mathématiques, l'astronomie, la médecine, la botanique que la rhétorique et la philosophie. Et l'on rapporte que sur le fronton de l'Académie était inscrit : « Nul n'entre ici s'il n'est géomètre ».

À l'Académie, Platon professa son propre enseignement, tout en écrivant. Mais il écrivait des dialogues et non des traités (peut-être avait-il commencé d'en écrire avant même la mort de Socrate). C'est qu'aux yeux de Platon, les dialogues constituent la seule méthode de ce que doit être la recherche philosophique : recherche commune, vivante, qu'un lieu de rencontre et d'amitié comme l'Académie permettait justement de favoriser.

Quelles étaient les visées de Platon en fondant l'Académie ? Donner une formation véritablement philosophique à la jeunesse qui en serait digne, sans commune mesure avec cette formation superficielle, ce vernis culturel, ces techniques de discours qu'inculquaient les sophistes. Ceux-ci préparaient des hommes capables de manier l'opinion publique, des orateurs talentueux mais en réalité incompétents. Platon, lui, voulait préparer des hommes dont la science puisse profiter à la cité.

Ainsi, Platon n'avait pas renoncé à l'action politique, sinon pour lui-même. Il entendait former des philosophes authentiques, capables d'être à la tête d'une cité ou d'établir une colonie.

Platon écrit dans la *Lettre VII* qu'après avoir été dans sa jeunesse « pris d'un immense élan vers la participation aux affaires publiques, après avoir constaté que les lois et les mœurs sont partout corrompues » et « que tous les États existants ont un mauvais régime », « force [lui] fut de [s]e dire qu'à l'éloge de la droite philosophie, c'est elle seule qui donne le moyen d'observer d'une façon générale en quoi consiste la justice, tant dans les affaires privées que dans les affaires publiques ; et [que] les hommes ne verront pas leurs maux cesser avant que, ou bien ait accédé aux charges de l'État la race de ceux qui pratiquent la philosophie droitement et authentiquement, ou bien que, en vertu de quelque dispensation divine, la philosophie soit réellement pratiquée par ceux qui ont le pouvoir dans les États[1] ».

Dans la *République,* Platon présente ainsi le projet d'une cité modèle qui serait gouvernée par des philosophes.

7. Les deux derniers voyages en Sicile : espoirs et désillusions

Mais ce projet n'était pas seulement un rêve de philosophe. Il n'était pas étranger à la formation donnée aux élèves de l'Académie, et, surtout, Platon eut l'espoir de le voir plus ou moins se concrétiser : il crut en effet ren-

1. *Lettre VII,* 326 *a-b.*

contrer dans la personne de Dion, beau-frère de Denys de Syracuse, la réunion providentielle du philosophe et du politicien.

Vers 367 av. J.-C., Denys meurt. Son fils, qui se nomme aussi Denys, lui succède. Dion s'empresse alors de faire venir Platon à Syracuse : le jeune Denys, encore ignorant des affaires du pouvoir, se prêterait volontiers, selon Dion, à une instruction et une formation philosophiques, susceptibles d'orienter droitement et sainement sa politique. Il s'agissait en réalité, pour Dion, d'associer le jeune Denys au rêve de Platon, qu'en fidèle disciple il partageait : établir un roi philosophe.

Mais Denys II ne se prêta guère à ces desseins. Il vit en Dion et en Platon, venu le rejoindre à Syracuse, des adversaires complotant contre lui pour chercher à lui ravir la direction des affaires. Il sépara les deux amis. Dion fut banni, et Platon contraint de rester à la cour. Le jeune tyran, forcé de mener une campagne militaire en Italie, laissa Platon regagner Athènes et l'Académie, non sans lui avoir demandé de s'engager à revenir.

En effet, en 361 av. J.-C., Denys invite à nouveau Platon à se rendre à Syracuse. Rien n'incitait le philosophe à retourner en Sicile après l'expérience malencontreuse des deux voyages précédents. Seulement Dion, toujours exilé, le pressait d'accepter l'invitation : Denys se serait considérablement amadoué et révélerait un goût et des dispositions véritables pour la philosophie, et il ne faudrait pas laisser s'éteindre ces bonnes dispositions chez un gouvernant politique.

Platon, bon gré mal gré, se rend pour la troisième fois en Sicile. Or, de nouveau, Denys se raidit rapidement à l'égard du philosophe, sans doute parce que celui-ci avait réclamé avec trop d'insistance le retour d'exil de Dion. Denys confisque les biens de Dion et assigne Platon à résidence, lequel parvient – non sans difficulté – à repartir au bout d'un an, grâce à l'intervention d'Archytas de Tarente.

Sur le chemin du retour, Platon rencontre Dion à Olympie, au moment des Jeux, et lui fait part de ses mésaventures à Syracuse. Dion décide de se venger de l'attitude de son neveu. En 357 av. J.-C., avec quelques compagnons dont certains étaient des membres de l'Académie, Dion débarque à Syracuse et s'empare du palais, profitant d'une absence de Denys. Cet ami de Platon, dont Platon écrivit qu'il révélait des aptitudes à la philosophie supérieures à toutes celles des jeunes gens qu'il avait rencontrés, se retrouvait ainsi à la tête d'une cité. Mais, en butte aux tentatives de reprise du pouvoir par Denys et en proie à toutes sortes de difficultés politiques intérieures et extérieures, Dion se comporta d'une manière maladroite et autoritaire jusqu'au jour où il fut assassiné par l'un de ses fidèles amis, Calippe, ancien disciple de l'Académie, qui l'avait aidé à s'emparer du pouvoir.

Double et cruelle déception pour Platon, alors [illegible] de 75 ans. La pratique politique semble appartenir à un domaine rebelle aux exigences morales de la philosophie et perdre même les meilleurs qui s'y risquent.

Le dernier ouvrage des *Lois* se ressent de cette désillusion. Le projet de la *République*, d'une cité idéale, gouvernée par des philosophes, est abandonné au profit d'un projet politique plus réaliste (laissant une large part à une réflexion plus juridique sur les aspects institutionnels et les lois de la cité la meilleure possible).

Platon meurt cinq ans après l'assassinat de Dion, à l'âge de 80 ans.

L'Académie survécut longtemps à son fondateur. De nombreux philosophes et savants y ont enseigné jusque vers le VIe siècle après J.-C., bien qu'en s'éloignant beaucoup, la plupart du temps, de la philosophie platonicienne.

Ce qui, pour nous, a surtout survécu de Platon, ce sont ses œuvres écrites, ses nombreux dialogues heureusement conservés, et bien conservés, à travers les siècles.

On distingue aujourd'hui quatre périodes dans l'œuvre de Platon :

• 1. les dialogues de jeunesse (menés le plus souvent par Socrate, qui démonte les certitudes et préjugés de ses interlocuteurs sans aboutir à des résultats apparents), dialogues dits *aporétiques*, c'est-à-dire qui mettent dans l'embarras ;

• 2. les grands dialogues de la maturité (le *Banquet*, le *Gorgias*, le *Phédon*, le *Phèdre* et la *République*) qui semblent ébaucher une doctrine platonicienne (« théorie des Idées ») ;

• 3. les dialogues dits *métaphysiques*, imprégnés d'érudition savante et marqués par l'enseignement dispensé à l'Académie, qui tout à la fois remettent en question et approfondissent la doctrine qui semblait s'esquisser (le *Théétète*, le *Parménide*, le *Politique*, le *Sophiste*) ;

• 4. les dialogues dits *de la vieillesse* (le *Philèbe*, le *Timée*, les *Lois*).

Cette œuvre est en réalité très riche, très diverse, très touffue, et il est difficile d'en dégager un « système philosophique ». L'ensemble des dialogues de Platon constitue davantage une école de philosophie que l'exposition d'une philosophie.

Platon, musée du Vatican, Rome.

Repères chronologiques

Histoire de la Grèce

IIe-VIIIe siècles

Moyen Âge grec.

VIIe siècle

Colonisation du sud de l'Italie et de la Sicile.
Fondation de Sparte.

VIe siècle

Vitalité des cités grecques d'Asie Mineure menacées par les Perses.
Mise en place de la démocratie à Athènes.

Ve siècle

Victoire des Grecs sur les Perses, dûe surtout aux Athéniens.
Thémistocle construit les murs d'Athènes.

Le siècle de Périclès : construction du Parthénon et rénovation de l'Acropole.

Guerre du Péloponnèse opposant Athènes et Sparte, et leurs alliées.

Dates politiques

– **594** Réformes de Solon.
– **561**/ – **528** Pisistrate.
– **508** Réformes de Clisthène.

– **499** Soulèvement de Milet contre les Perses.
– **490** Marathon.
– **480** Salamine.
– **477** Création de la ligue de Délos.
– **454** Transfert du trésor de Délos sur l'Acropole.
– **431**/ – **421** Début de la guerre du Péloponnèse.
– **429** Peste d'Athènes ; mort de Périclès.
– **421** Paix de Nicias.
– **413**/ – **404** Fin de la guerre du Péloponnèse.
– **404** Chute d'Athènes. Tyrannie des Trente.
– **403** Chute des Trente.

Arts et littérature

L'*Illiade* (IXe siècle) et l'*Odyssée* (VIIIe siècle) attribuées à Homère.
Hésiode (fin VIIIe siècle).
Art géométrique (sur céramique).
Débuts de la sculpture (style archaïque).
Poésie :
Alcée, Tyrtée,
Stésichore (VIIe siècle).
Sapho de Lesbos, Theognis de Mégare, Anacréon (VIe siècle).
Pindare (– 521 / – 441).
Tragiques :
Eschyle (– 525 / – 456).
Sophocle (– 495 / – 405).
Euripide (– 480 / – 406).
Historiens :
Hérodote (– 490 / – 425).
Thucydide (– 460 / – 385).

Sculpture classique : Phidias, conducteur des travaux sur l'Acropole ; Myron, Polyclète.
Peinture : Zeuxis.

Comique : Aristophane (– 445 / – 385).
Rhéteurs :
Lysias (– 440 / – 380).
Isocrate (– 436 / – 338).
Moraliste, historien
Xénophon (– 430 / – 355).

Science et Philosophie

Les **présocratiques** :
Au VIIe siècle Thalès de Milet.

Aux VIe et Ve siècles
. Pythagore (né à Samos établi à Crotone).
. Anaximandre de Milet.
. Xénophane.
. Héraclite d'Éphèse (– 576 / – 480).
. Parménide (– 504 / – 450) et Zénon d'Élée.
. Empédocle d'Agrigente.
. Anaxagore.
. Démocrite (– 460 / – 356).
Les sophistes :
. Protagoras.
. Gorgias.
. Prodicos, Hippias.
– 469 Naissance de Socrate.
– 428 Naissance de Platon.
– 413 Naissance de Diogène.

Fin Ve siècle
Hippocrate (l'art médical).

Repères chronologiques

Histoire de la Grèce

IVe siècle

Hégémonie éphémère de Sparte.
Rivalité entre Sparte et Thèbes.

Domination de Philippe de Macédoine sur la Grèce.
Alexandre, fils de Philippe, conquiert la Perse, l'Égypte, le Proche-Orient et le nord de l'Inde.

IIIe siècle

Division de l'empire d'Alexandre, avant la conquête romaine (IIe siècle).

Dates politiques

- **387** Paix d'Antalcidas entre Sparte et Perses.

- **371** Victoire de Thèbes sur Sparte à Leuctres.
- **371** / – **362** Hégémonie de Thèbes.
- **362** Bataille de Mantinée (mort d'Epaminondas).
- **338** Victoire de Philippe à Chéronée.
- **336** Alexandre.
- **333** / – **331** Conquêtes de la Perse, de l'Égypte.
- **327** Alexandre en Inde.
- **323** Mort d'Alexandre.

Repères chronologiques

Arts et littérature

Renouveau de l'art oratoire :
Démosthène (– 384 / – 322) exhorte les Athéniens à repousser Philippe ;
Eschine.

Comique : Ménandre.
Sculpture : Praxitèle, Lysippe.

Poésie alexandrine (Callimaque, Longus), sculpture, peinture alexandrines.

Science et Philosophie

– **399** Mort de Socrate.
– **399** / – **388** Platon en Égypte (?), Italie, Sicile ; rencontre du pythagoricien Archytas.
– **387** Fonde l'Académie.
– **384** Naissance d'Aristote.

– **367** Second voyage de Platon à Syracuse.

Les **mathématiciens** Théodore, Théétète, et Eudoxe à l'Académie.

– **360** Dernier voyage de Platon à Syracuse (date incertaine).
– **348** Mort de Platon.

– **323** Mort de Diogène.
– **322** Mort d'Aristote.

Science alexandrine :
Euclide (– 323 / – 283).
Archimède (– 287 / – 212).

Quelques-uns des grands centres du monde grec au ve *siècle av. J.-C.*

Avant de commencer la lecture

Contexte historique de l'œuvre

La *République* de Platon, avec son projet de cité idéale, ne peut être lue qu'à la lumière de l'histoire culturelle et politique de la Grèce antique.

1. L'émergence et l'originalité de la civilisation grecque

La civilisation grecque fait partie de ces nombreuses civilisations qui ont fleuri dans le Bassin méditerranéen du IVe au Ier millénaire avant Jésus-Christ (civilisations égyptienne, babylonienne, hébraïque, crétoise, phénicienne, perse). La civilisation crétoise du IIIe millénaire a inspiré la civilisation mycénienne du peuple achéen établi dans la péninsule grecque vers les années 1500 av. J.-C., elle-même ancêtre de la civilisation de la Grèce classique. Aux XIe-Xe siècles, les Achéens sont chassés par les Doriens : Achéens et Doriens forment les deux rameaux du peuple hellène, autre nom du peuple de la Grèce antique.

La Grèce est un pays montagneux, aride, aux régions intérieures difficilement accessibles les unes aux autres, formant autant de régions distinctes et originales. En revanche, elle offre à la mer un rivage accidenté, long de 10 000 km, environné d'une multitude d'îles. Sa richesse ne lui viendra pas tant de ses terres que de son commerce et de son activité maritime : les Grecs ne tardent pas, en effet, à conquérir de nombreuses îles et de nombreux territoires de l'Asie mineure jusqu'au sud de l'Italie.

Aussi les Grecs furent-ils, dès le début, comme éparpillés sur les bords de la Méditerranée dans de petits pays différents formant autant de cités indépendantes, souvent rivales. Chaque cité avait ses mœurs, ses coutumes, son mode de vie économique et politique particuliers.

Mais une communauté de langue, de religion – en dépit des dialectes ou des cultes locaux – unissait les Grecs et leur donnait conscience d'appartenir à un seul peuple auquel ils opposaient indistinctement les Barbares (c'est-à-dire ceux qui ne parlaient pas grec). Des sanctuaires communs (Delphes, où l'on venait consulter l'oracle ; Épidaure, où l'on espérait obtenir la guérison de ses maladies) ainsi que des jeux panhelléniques, comme les célèbres Jeux olympiques, étaient autant de lieux de rencontre et de liens entre les Grecs.

Un patriotisme commun réussit à les unir contre l'envahisseur perse, au moment des guerres Médiques, mais ne parvint pas à les empêcher de s'entredéchirer dans les guerres entre cités.

C'est d'abord en Ionie (région d'Asie mineure) que surgissent les premières manifestations du génie grec avec, au IXe siècle, les poèmes homériques (l'*Iliade* et l'*Odyssée*) puis, aux VIIe et VIe siècles, des artistes (peintres, sculpteurs, céramistes originaux) et, surtout, les premiers grands noms de la philosophie et de la science grecques : Thalès, Anaximandre, Héraclite d'Éphèse, Xénophane... La Sicile et le sud de l'Italie constituent également, au VIe siècle, des centres culturels importants où de grands philosophes dispensent leur enseignement : Pythagore à Crotone, Parménide et Zénon à Élée, Empédocle à Agrigente. Ces philosophes, dits *présocratiques*, inaugurent une réflexion rationnelle sur la nature qui ne puisait plus son inspiration dans la mythologie et la théologie. De leurs écrits il ne reste que de rares fragments isolés. Mais leurs œuvres et leurs enseignements ont influencé à divers titres la pensée de Platon.

Simultanément, sur le territoire même de la Grèce, l'art et la littérature se développaient : en Béotie, patrie d'Hésiode (VIIIe siècle) et de Pindare (VIe siècle) ; et surtout en Attique, à Athènes, qui s'imposera politiquement, économiquement, culturellement à l'ensemble du monde hellénique au Ve siècle, et restera jusque sous l'Empire romain une véritable capitale culturelle.

2. Athènes au Ve siècle avant J.-C.

Au Ve siècle, Athènes attire ou fournit au monde grec peintres, sculpteurs, architectes, mais aussi poètes, dramaturges, historiens, orateurs, moralistes, philosophes, déployant ainsi une activité culturelle intense, créatrice de genres nouveaux (tragédie, comédie, art oratoire, histoire...) dont l'Occident moderne est encore tributaire.

Que l'on rappelle seulement quelques grands noms : Eschyle, Sophocle, Euripide pour la tragédie ; Aristophane pour la comédie ; Hérodote, Thucydide pour l'histoire. Les philosophes Anaxagore et Démocrite viennent enseigner à Athènes, ainsi que les sophistes, dont Platon se fera l'adversaire résolu. Socrate est un Athénien ; Platon et Aristote aussi, mais ils appartiennent déjà en partie – sinon entièrement – au IVe siècle, ainsi que Xénophon et les orateurs Isocrate et Démosthène.

• Une cité démocratique

D'où venait cet éclat artistique et intellectuel d'Athènes ? De sa suprématie économique et politique, mais aussi de son régime démocratique.

Dès le VIe siècle Athènes possédait une puissance maritime incontestable qui lui permit d'importer de nombreuses richesses, suppléant à la modicité de ses ressources agricoles (par exemple le blé), et d'être un centre d'échange commercial du monde méditerranéen, d'accueillir une population nombreuse et active, et de développer un artisanat riche et diversifié.

La démocratie athénienne n'a été instaurée que progressivement après le renversement de la royauté par diverses tyrannies successives – Solon, Pisistrate, Clisthène – qui contribuèrent chacune à jeter les bases d'une constitution favorisant le petit peuple contre l'aristocratie, support originaire de la royauté.

Le régime démocratique d'Athènes répondait à une crise économique et politique qui secoua d'ailleurs l'ensemble du monde grec : l'intense activité économique (artisanale, minière...) et commerciale, l'apparition de la monnaie eurent pour conséquences, d'une part, l'appauvrissement des paysans dont les terres appartenaient à des familles aristocratiques qui cherchèrent à en tirer le maximum de profit, et, d'autre part, un accroissement des classes moyennes (artisans, commerçants). Les paysans appauvris et endettés et une population urbaine active s'opposèrent à la domination politique des vieilles familles nobles qui se partageaient les terres de l'Attique – ce qui n'empêcha pas de nombreux membres de ces familles de s'enrichir en s'orientant vers le commerce et le grand artisanat, et de rester des politiciens influents.

• Les institutions athéniennes

Comment cette démocratie fonctionnait-elle ? Il s'agissait d'une *démocratie directe* : les citoyens – c'est-à-dire les Athéniens, de parents athéniens, de condition libre, autrement dit le peuple d'Athènes sans les Athéniennes, les métèques et les esclaves – décidaient de leur destin politique en étant tenus de participer à l'*Ecclesia*, assemblée où l'on votait à main levée les lois, lois qui avaient trait aussi bien à l'administration et à la gestion de la ville, qu'à l'organisation du commerce, au montant des taxes, ou au ravitaillement du blé. On y décidait aussi de la guerre et de la paix, et de tout ce qui concernait les affaires étrangères. On décidait du sort de ceux que l'on jugeait coupables (de traîtrise ou d'impiété...) envers l'État. Enfin, on y élisait un certain nombre de magistrats. Les prérogatives de cette assemblée populaire étaient donc autant législatives qu'exécutives ou judiciaires.

Outre l'*Ecclesia*, la *Boulè*, assemblée de 500 membres tirés au sort (après candidature) pour un an, sorte de conseil permanent, veillait au bon fonctionnement des institutions et au déroulement de la vie politique, économique, religieuse, et était chargée de l'exécution des lois ainsi que de la préparation de projets de lois à soumettre à l'*Ecclesia*. Le président de la *Boulè* était renouvelé chaque jour.

De nombreuses institutions, comme le tirage au sort, la limite en durée de nombreuses charges et aussi la mesure d'ostracisme (bannissement pour dix ans d'un homme politiquement trop influent), tendaient toutes à préserver le régime de la tyrannie. Cependant, ceux qui devaient remplir des magistratures exigeant une certaine compétence, comme celle de chef militaire ou stratège, étaient élus pour un an et rééligibles. C'est ainsi que Périclès fut réélu premier stratège 21 ans durant.

Autre particularité de la démocratie athénienne : la justice populaire, rendue par le tribunal de l'*Héliée* dont les membres – les héliastes – étaient entièrement tirés au sort (au nombre de 6 000, ils se répartissaient en tribunaux divers, généralement composés de 500 membres). Les juges, après avoir entendu l'accusation et la défense, décidaient du sort de l'accusé par un vote individuel et secret.

• Supériorité culturelle et politique d'Athènes

Mais on n'aurait aperçu qu'un aspect partiel de la démocratie athénienne en ne considérant que ses institutions politiques. Ce régime permettait aux talents artistiques de *s'épanouir librement* : les artistes n'étaient pas inféodés à un prince ou à un tyran. Outre l'activité civique des citoyens, l'ensemble de la population athénienne (hommes et femmes libres, métèques, voire esclaves) participait activement aux manifestations religieuses (sacrifices, processions solennelles, danses…) et, en particulier, assistait aux représentations théâtrales données à l'occasion des fêtes en l'honneur de Dionysos, et désignait le vainqueur des concours organisés pour départager le meilleur auteur dramatique. C'est ainsi que Sophocle fut couronné vingt fois.

À la supériorité économique et culturelle d'Athènes s'est ajoutée, au Ve siècle, sa suprématie politique, qui lui fut assurée en particulier par le succès des guerres Médiques (499–477 av. J.-C.).

C'est aux Athéniens – bien que les Spartiates se soient engagés eux aussi dans le combat contre les Perses – que l'on dut la victoire, sur terre, de Marathon (490), sur mer, de Salamine (480), ainsi que celle de Platées (477), victoires qui ruinèrent les visées de Xerxès sur la Grèce. Athènes, renforcée par la flotte que lui avait fait construire Thémistocle, fut, entre 449 et 429 – période durant laquelle la vie politique fut dominée par la haute figure de Périclès –, la cité la plus puissante du monde grec. Et Périclès fit construire monuments et temples qui contribuèrent à augmenter l'éclat de la cité.

Sa supériorité maritime et ses victoires placèrent Athènes à la tête d'une confédération de cités alliées (ligue de Délos) auxquelles elle assurait sa protection militaire. Mais Athènes ne cessa de rendre cette tutelle plus onéreuse par les tributs qu'elle exigeait en échange, et par les vexations qu'elle imposait aux cités réticentes. Lasses de cette domination et jalouses de la supériorité d'Athènes, nombreuses furent ses alliées qui se liguèrent contre elle en s'appuyant sur sa grande rivale : Sparte.

Aussitôt le monde grec fut divisé en deux : les partisans d'Athènes s'opposèrent aux partisans de Sparte et, par la même occasion, les partisans de la démocratie s'opposèrent à ceux de l'aristocratie.

3. Sparte rivale d'Athènes, la guerre du Péloponnèse (431-404 av. J.-C.)

Le régime de Sparte contrastait en tout point avec celui d'Athènes et faisait, à Athènes, l'admiration des ennemis de la démocratie, comme Xénophon et... Platon. Sparte, capitale de la Laconie, pays des Lacédémoniens, tenait, disait-on, ses lois rigoureuses de Lycurgue qui aurait vécu au IXe siècle, lois qui seraient restées inchangées depuis lors.

Deux rois se partageaient la direction de la cité. Leurs attributions étaient surtout militaires, judiciaires et religieuses. Ils étaient assistés par l'imposante *geronsia* (conseil de vieillards issus des vieilles familles nobles de Sparte) qui, outre ses fonctions judiciaires, préparait les lois qu'elle soumettait à l'assemblée des citoyens dont la voix était purement consultative. Il semble que le pouvoir appartenait surtout à cinq *éphores* – élus et renouvelés annuellement – chargés de l'exécution des lois, et du contrôle de l'ensemble de la vie de la cité, y compris de la manière dont se comportaient les rois.

Les citoyens spartiates – encore appelés les *égaux* – vivaient des activités artisanales et agricoles des *périèques* (disposant de leurs propres terres autour de la cité), et surtout du travail des *hilotes* sur les terres qui appartenaient aux Spartiates. Ces paysans asservis, durement traités par leurs conquérants et leurs maîtres, menaçaient par des révoltes fréquentes la sécurité de l'État lacédémonien. Il semble que le régime de Sparte en soit resté à des cadres anciens et rigides, là où, au contraire, les institutions athéniennes avaient subi le contrecoup des bouleversements sociaux et économiques. La cité de Sparte, d'économie essentiellement agricole avec un artisanat peu développé et une activité artistique et intellectuelle quasi inexistante, était, en revanche, sur le plan militaire, une « grande puissance ».

Le citoyen spartiate consacrait tout son temps à sa formation de soldat. Le jeune Spartiate, que l'on séparait très tôt de sa famille, recevait une éducation intellectuelle très rudimentaire en comparaison de celle du jeune Athénien. Entraîné à souffrir toutes sortes de privations (froid, faim, douleurs...), rompu à toutes sortes d'exercices de gymnastique, de lutte, de combat, on le préparait à devenir un guerrier redoutable. Adulte, il participait aux repas en commun ; il vivait le plus clair de son temps en communauté avec ses compagnons, comme s'il était sans cesse en campagne militaire. Platon se souviendra, dans son projet de cité idéale de la *République,* de la division des tâches – économiques pour les uns et militaires pour les autres – et de la vie communautaire des citoyens guerriers qui caractérisaient le régime de Sparte.

Le conflit entre Sparte et ses alliés d'un côté, Athènes et les siens de l'autre, fut à l'origine des guerres du Péloponnèse. Elles éclatèrent deux ans avant la mort de Périclès (429). Athènes réussit à maintenir sa prépondérance sur mer, sans pouvoir contenir les Spartiates sur terre[1], jusqu'à la paix de Nicias signée en 421, paix qui se voulait durable. Mais, en 415, le peuple athénien se laissa entraîner dans les ambitieux projets d'Alcibiade : conquérir la Sicile afin d'affermir l'empire maritime d'Athènes. La Sicile, s'aidant de l'appui de Sparte, parvint à décimer, devant Syracuse, la flotte athénienne. Et, de 413 à 404, Athènes, abandonnée par ses alliés et, pendant un temps, par Alcibiade qui rejoindra Sparte, se trouvant face à une armée spartiate solidement commandée par Lysandre, essuiera échec sur échec avant de capituler en 404.

Sparte s'abstint de réduire en esclavage sa rivale, mais Athènes dut abattre les fortifications que Thémistocle avait fait construire au début du siècle et qui l'avaient longtemps préservée de la défaite ; elle dut aussi rappeler ses exilés. Les bannis du régime, membres du parti aristocratique, une fois rentrés à Athènes, formèrent, avec l'appui de Lysandre, le gouvernement des Trente, tyrannie odieuse et impopulaire qui fut rapidement renversée : la démocratie fut restaurée en 403.

4. Déclin de la Grèce aux IVe et IIIe siècles

La prépondérance de Sparte (404–371) ne dura que peu de temps. Les cités soumises d'Athènes et de Thèbes, avec la complicité du roi de Perse, se soulevèrent contre Sparte, d'abord sans résultat. Sparte occupa Thèbes en guise de représailles, mais les Thébains Épaminondas et Pélopidas réussirent à chasser les Spartiates de la cité, à les vaincre en Laconie et à imposer à leur tour la domination de Thèbes sur l'ensemble des cités grecques. Domination également éphémère (371–362).

L'ensemble du monde grec était en réalité affaibli par des guerres sans cesse renaissantes. Le régime de Sparte perdit de sa rigueur. Le patriotisme des uns et des autres s'émoussait. La corruption grandissait. La dévastation des campagnes pendant les conflits avait contribué à affamer les populations, à appauvrir les paysans et à raviver les conflits sociaux.

L'épuisement et les rivalités des cités grecques favorisèrent les desseins du roi Philippe de Macédoine, région située au nord de la Grèce, à demi grecque, à demi barbare. Peu à peu, Philippe réussit à imposer sa domination sur toute la Grèce, et la fougue de Démosthène, s'efforçant de ranimer le civisme de ses concitoyens d'Athènes, ne suffit pas à contenir la progression de Philippe, qui écrasa les armées athéniennes et thébaines à la bataille de Chéronée (338).

Son fils Alexandre étendit cette domination en Asie mineure, en Perse et partit à la conquête de l'Asie. Conduisant ses armées jusqu'en Inde, il édi-

1. Les Spartiates refoulèrent les habitants de la campagne attique dans les murs d'Athènes, ce qui favorisa l'épidémie de la fameuse peste d'Athènes (428 av. J.-C.).

fia ainsi un immense empire, s'efforçant d'unir Grecs et Barbares dans l'administration de cet empire.

La conquête d'Alexandre contribua à l'expansion de la civilisation grecque dans tout le Moyen-Orient. Cette expansion coïncide avec l'époque que l'on appelle communément *période hellénistique* ou encore *alexandrine* – brillante sur le plan culturel, qu'il s'agisse de la poésie, de la philosophie ou du domaine scientifique : astronomie, médecine, physique (Archimède), mathématiques (Euclide).

Athènes continua à être le centre d'une vie culturelle importante : Zénon créait l'école stoïcienne appelée à une longue postérité, Épicure enseignait la doctrine qui porte son nom, tandis que l'*Académie,* fondée par Platon, et le *Lycée,* fondé par son disciple Aristote, poursuivaient leurs activités philosophiques et scientifiques. Cependant, de nouvelles cités attiraient artistes, lettrés et savants : en particulier Alexandrie[1] (en Égypte), Antioche (en Syrie), Pergame (en Asie mineure).

Les cités grecques ne réussirent pas, malgré des efforts renouvelés, à s'affranchir de la tutelle macédonienne. Elles en furent libérées par les Romains (196) mais ce fut pour ne plus constituer bientôt qu'une province romaine (156).

1. Avec sa fameuse bibliothèque, détruite en 48 av. J.-C.

Problématiques essentielles

L'opposition politique et philosophique entre opinion et science

Chacun a des opinions, son opinion sur telle ou telle question, à laquelle il est, en général, particulièrement attaché. Avoir une opinion c'est émettre un avis, un jugement sur tel ou tel sujet. Or les institutions de la démocratie athénienne reposent en droit sur une reconnaissance de la valeur et de la légitimité des opinions de chacun, qu'il soit riche ou pauvre, ignorant ou compétent. Ce que Platon se refuse à admettre. Il se refuse à penser que la politique puisse être affaire d'opinion et non de savoir, en quoi il s'oppose à Protagoras et aux sophistes en général.

Car l'opinion populaire est versatile, vulnérable, aisément malléable, partisane et passionnée. Que l'on songe à la condamnation de Socrate par le tribunal populaire de l'Héliée qui se laisse entraîner par quelques hommes envieux et haineux ; que l'on songe à la séduction exercée par Alcibiade sur les Athéniens qu'il exhorte à conquérir la Sicile pour étendre l'empire d'Athènes et dont l'on connaît le résultat : perte de 40 000 hommes, destruction de la quasi-totalité de la flotte athénienne tombée sous les coups des Spartiates ; que l'on songe aux généraux des Arginuses condamnés à mort pour n'avoir pas, après leur victoire, ramené les guerriers morts laissés sans sépulture – la tempête les en avait empêchés – et réhabilités le lendemain même par la foule prise de remords.

La démocratie directe, pour Platon, favorise la démagogie, c'est-à-dire l'art de flatter l'opinion populaire par le talent oratoire ; elle favorise la tyrannie : le danger qu'un homme séduise et canalise l'opinion publique à son profit pour l'asservir ensuite.

La critique platonicienne[1] de la démocratie vient plus fondamentalement d'une *réflexion sur le langage.* Platon en souligne les pièges, les sortilèges, les dangers. La foule médusée par la parole d'un orateur peut voter ainsi aveuglément contre l'intérêt public. Et c'est pourquoi les sophistes qui enseignent l'art de séduire et de persuader par les mots, constituent une cible constante de Platon. Or, quand on sait que la démocratie athénienne ne s'exerce pas seulement dans le domaine politique, mais aussi dans le domaine de artistique, on saisit d'autant mieux la portée de la réflexion de Platon sur le langage.

1. Voir **Documents**, textes de Thucydide et de Platon sur la démocratie athénienne, pp. 116-118.

En effet, en matière d'œuvres d'art, c'est aussi la multitude qui décide et qui juge, qui applaudit et honore musiciens, poètes, peintres, sculpteurs, et qui décerne les prix aux meilleurs dramaturges. Seulement, pour Platon, il y a les œuvres qui plaisent, qui flattent la sensibilité du public, son humeur du moment, et puis il y a les œuvres qui sont *réellement* belles. Sophistes et artistes s'entendent pour tromper, pour séduire, pour ensorceler, grâce à une maîtrise de la forme au détriment de la vérité. Une chose est de parler, une autre de penser. Une chose est d'utiliser un mot en raison de l'effet qu'il produit, une autre est de savoir ce qu'il signifie.

Le philosophe s'efforce de maîtriser le langage et d'atteindre la science – par les mathématiques et la dialectique – pour arriver à la vérité. Et c'est donc non pas à l'opinion commune de n'importe quel individu mais à la sagesse des philosophes qu'il faut s'en remettre pour diriger la cité. Ainsi sera évité que soit condamné, par une opinion ignorante et injuste, un sage comme l'était Socrate ; c'est au contraire un sage comme Socrate qu'il faudrait à la tête de la cité.

Une cité juste : une cité gouvernée par des philosophes

Une cité juste de citoyens justes : tel est le projet de la cité décrite dans la *République.* Ce projet n'est réalisable que si les philosophes deviennent dirigeants d'une cité ou que les dirigeants d'une cité deviennent philosophes.

Mais, avant tout, qu'est-ce qui est juste ?

1. La division des classes

Ce qui est juste, c'est d'abord que chacun remplisse le rôle qui lui est assigné. Pas de cité ordonnée sans une division du travail. Pas de justice sans une hiérarchie harmonieuse et une complémentarité entre les différentes composantes de la cité.

Quelles sont ces différentes composantes ? Il faut distinguer ceux qui contribuent au bien matériel de la cité, ceux qui sont en mesure de la défendre et de la protéger, et ceux qui la dirigent. Ceux qui contribuent au bien matériel de la cité, ce sont les paysans, les artisans, les commerçants ; ceux qui la défendent et la protègent, ce sont les gardiens ; ceux qui la dirigent, ce sont les philosophes.

Pour assurer à l'ensemble de la cité sa cohésion et son harmonie, il convient que, dans la classe laborieuse, paysans, artisans, commerçants aient des tâches distinctes sans confusion possible ; mais il convient surtout que les deux classes supérieures – gardiens et dirigeants – soient irréprochables par leurs vertus. Pour ce faire, ces deux classes doivent être composées des meilleurs naturels, auxquels on imposera un mode de vie et une éducation spécifiques.

2. L'éducation des gardiens

Alors que paysans, artisans, commerçants, par leurs tâches matérielles et mercantiles, manieront de l'argent et auront des biens particuliers, les gardiens – et les gouvernants choisis parmi les meilleurs gardiens – n'auront aucun bien propre, aucun argent personnel, aucune vie privée. Ils vivront en communauté, recevant leur subsistance de la classe laborieuse, pour se consacrer entièrement à leur tâche – plus noble que le travail de la terre ou du négoce : garder ou protéger la cité, en particulier contre des ennemis éventuels ; leur formation sera donc d'abord de nature militaire, à base de gymnastique. Mais il ne suffit pas de façonner les corps, de les aguerrir à toutes sortes d'épreuves physiques, de les endurcir au combat. Il faut tempérer ce dressage du corps par la musique. La musique, c'est-à-dire, pour un Grec, l'« art des Muses » (poésie et musique proprement dite), adoucit les mœurs : elle donne à l'âme le sens de l'harmonie, de la mesure, et modère ainsi l'ardeur du guerrier.

Encore convient-il que l'enseignement de la gymnastique et de la musique ne comporte aucun excès : il faut éviter que la gymnastique ne consiste en des épreuves purement compétitives à seule fin de produire des athlètes exceptionnels ; bannir une musique trop lascive ou trop excitante ; extirper surtout de la poésie un enseignement corrupteur, par exemple la moralité douteuse des dieux et des personnages qu'elle met en scène (ainsi, Homère dans l'*Iliade* ou l'*Odyssée*, les tragiques dans leurs tragédies, etc.) ; rejeter le caractère littéraire, imitatif, factice de la poésie, qui nous fait accorder du crédit à ce qui n'est qu'illusion, inventions, mensonge, et trouble ainsi l'âme des futurs gardiens en leur donnant le goût du faux et de l'imagination. C'est en ce sens que Platon écrit dans la *République* : « Il faut chasser les poètes de la cité », autrement dit ne garder de la poésie que des récits édifiants, sans artifices recherchés, relatant les exploits de héros véritables, propres à éveiller l'ardeur des guerriers et à leur inspirer la vertu.

3. Féminisme et eugénisme

À l'intérieur de la vie communautaire des gardiens, hommes et femmes, en dépit de leurs différences naturelles, partageront la même condition et recevront la même éducation.

En effet, pour les gardiens, il n'y a plus ni vie privée, ni famille. Par conséquent, les femmes seront délivrées des tâches domestiques ingrates qui les détournent de leurs devoirs de gardiennes. Leurs enfants leur seront retirés à la naissance pour être confiés à des hommes et des femmes chargés du soin des enfants de la cité. Car les parents ne devront pas connaître leurs enfants et réciproquement. Parents et enfants n'auront d'autre souci que la communauté et formeront comme une seule grande famille au lieu de familles isolées et fermées sur elles-mêmes. Les mariages seront institués en vue du seul bien de la cité : on établira les meilleurs accouplements pour obtenir les meilleurs rejetons possibles.

La vie privée, la propriété privée, la famille privée ainsi supprimées, et avec elles leur cortège d'égoïsmes, de jalousies, de méfiances interindividuelles, que suscite la possession de biens à soi, d'enfants à soi, d'époux ou d'épouses à soi, il y a place pour un civisme inconditionnel assurant le bonheur de la cité.

4. Les philosophes à la tête de la cité

Les dirigeants de la cité, choisis parmi les meilleurs des gardiens, ceux qui auront révélé les meilleures dispositions physiques, morales, et les meilleures dispositions intellectuelles, ne seront rien moins que les philosophes. Le projet même de la cité de la *République* ne peut se réaliser que si un ou des philosophes se trouvent à la tête d'une cité, ou que le dirigeant d'une cité devienne philosophe.

Les philosophes, jugés habituellement comme des discutailleurs inutiles et oiseux, absolument impropres à l'action politique, seront les plus à même de fonder et de gouverner la cité. En se conformant au savoir qu'ils possèdent des véritables réalités – justice, vertu, bien... –, ils établiront non pas une ombre ou une caricature de cité, mais une cité juste, telle qu'elle a été décrite précédemment.

Encore faut-il que ce soient d'authentiques philosophes et non des philosophes qui en usurpent le titre. Seule une éducation spécifique peut amener les meilleures natures à être des philosophes authentiques. Faute de cette éducation dans les cités existantes, les meilleurs sont pervertis par le milieu environnant, incités à assouvir leurs ambitions politiques, à satisfaire leurs passions ou les passions de la foule et, ainsi, à user de tous leurs dons pour faire le mal.

Dans la cité modèle de la *République*, une éducation minutieuse, dont Platon s'efforce de préciser la progression et le contenu, sera donnée aux meilleurs gardiens pour les préparer à être des philosophes chargés d'assurer le maintien de la direction de la cité.

Tel est le sujet de la fin du livre VI et du livre VII de la *République* : la formation du philosophe dans la cité modèle, sujet qui prend une dimension plus vaste que celle que semble lui donner le cadre politique de la *République*, puisque, à travers la définition de cette formation, c'est une définition générale de la philosophie que Platon nous présente.

Qu'est-ce que la philosophie ? La philosophie doit s'élever à la connaissance du bien

Le chemin qui mène à la philosophie est étroit et difficile. Il exige un long détour : celui de la connaissance du bien. C'est ce qu'affirme Platon à la fin du livre VI.

Tout homme désire le *bien*, c'est-à-dire ce qui est bon (en grec, *to agathon* qui, au neutre, signifie « le bon »), ce qui est bon pour soi. Ce qui est bon pour moi, c'est ce qui me rapporte du bonheur : la santé, la richesse, les honneurs... Dans ce cas, le bonheur ne se distingue guère de ce qui m'est agréable. La question de savoir si le bien (le bonheur) est finalement le plaisir, est un objet classique de discussion dans la philosophie antique. Platon rejette cette identité entre bien et plaisir, car il y a des plaisirs mauvais, qui sont plus nuisibles que bénéfiques.

De plus, qu'est-ce que mon bien en dehors de celui de la cité ? Il convient donc de s'élever à un point de vue général – le bien de la cité – et non de rester prisonnier d'un point de vue particulier – mon bien. Mieux, qu'est mon bien ou celui de la cité si l'ordre du cosmos dans lequel nous évoluons, cités et individus, n'est pas pris en considération ? Car l'ordre du cosmos est divin, gouverné par la puissance divine du bien. Ainsi le philosophe s'élève à un point de vue universel : la connaissance du bien en soi, de la cause divine de tout ce qu'il peut y avoir de bon dans le cosmos, dans une cité, dans l'âme et le corps d'un individu.

La question n'est donc plus de savoir si le bien est identique au plaisir, ou bien à la sagesse – dans une perspective individuelle, voire politique. Non, Socrate se situe à un niveau beaucoup plus élevé, à un niveau *métaphysique*, pour répondre à ses interlocuteurs qui lui demandent ce qu'est alors le bien (à la fin du livre VI). On ne peut pas séparer politique et métaphysique.

Dire ce qu'est le bien en lui-même est sans doute au-dessus de la portée humaine, dit Socrate. Aussi faut-il tenter d'en donner une image. Il compare alors le bien au soleil de notre monde, qui donne vie aux êtres vivants en même temps qu'il nous permet de les admirer : de même, le bien donne vie aux Formes (ou Idées) qui structurent notre monde et lui donnent vie et consistance ; en même temps qu'il éclaire l'âme et lui permet de contempler ces Formes. L'image du soleil se retrouve dans l'allégorie de la caverne, au terme de l'ascension du prisonnier qu'on a libéré de ses chaînes et conduit jusque hors de la caverne.

L'homme de l'opinion commune est semblable à l'homme enchaîné dans une caverne et condamné à voir des ombres d'objets défilant sur la paroi qui lui fait face. Le philosophe est comparable à celui qu'on délivre de ses chaînes (des chaînes de l'opinion), qui se retourne et qui entame la pénible montée qui va le mener du bas de la caverne en haut de la caverne et, pour finir, hors de la caverne : là, ébloui précisément par le soleil (le bien), il aura de la peine à s'habituer à la clarté du jour pour distinguer les objets et les contempler dans tout leur éclat.

Ce chemin que le philosophe doit parcourir, est celui qui le mène de l'opinion jusqu'à la connaissance du bien. On n'apprend pas du jour au lendemain à voir clair, à voir vrai. Il faut d'abord s'affranchir de l'opinion, apprendre à admettre que ce à quoi on croyait dur comme fer n'est pas la réalité : cette réalité même à laquelle on était accroché n'était qu'ombres, images d'une réalité plus sûre, mais cachée tant qu'on ne s'était pas retourné.

Platon distingue alors quatre étapes dans cette montée qui arrache le philosophe de l'opinion pour l'élever vers la science :

– il passe de l'opinion commune, rivée à la croyance que ses objets sont la réalité, à une opinion corrigée et juste : celle qui découvre la réalité d'objets (les marionnettes dans la caverne, éclairées par un feu qui est l'analogue du soleil) dont il comprend qu'il n'en voyait jusqu'alors que les ombres ;

– de là il s'élève à la science : celle qui atteint les véritables réalités (les réalités du monde du jour, dont les marionnettes dans la caverne ne sont qu'une reproduction artificielle), à savoir les essences des choses, les Idées ou Formes ; il les atteint d'abord à travers leurs images (leurs ombres sur le sol et leurs reflets sur l'eau), et puis en elles-mêmes, avant de découvrir le soleil lui-même (le bien).

Il y a en réalité deux grandes étapes, chacune étant subdivisée en deux : on part des objets de l'opinion (*doxa*) qui, selon la terminologie de la fin du livre VI, sont d'abord ceux de l'imagination (*eikasia*), puis ceux d'une croyance fiable (*pistis*), pour s'élever à ceux de la science (*épistèmè*) qui sont d'abord ceux de l'intelligence (*dianoia*), puis ceux d'une contemplation ou d'une saisie intellectuelle (*noèsis*) – le bien étant l'objet ultime de cette contemplation. (Sur l'analogie entre la ligne du livre VI et l'allégorie de la caverne du livre VII, et la structure de cette allégorie, voir **Dossier** : Commentaires d'extraits, pp. 100-103.)

L'apprentissage de la philosophie passe par les mathématiques et la dialectique

Le chemin que le philosophe doit parcourir pour atteindre finalement la connaissance du bien est donc celui d'une initiation à la science. Et, plus précisément, aux mathématiques et à la dialectique, qui forment à une véritable discipline de la raison.

Les mathématiques sont une école de raisonnement, de détachement à l'égard de la sensation individuelle, et d'élévation à des vérités universelles parce que rationnellement démontrées. Mais ces vérités restent dépendantes d'hypothèses : c'est-à-dire d'objets définis admis comme allant de soi (le nombre, le pair, l'impair, la droite, le plan, la surface, le volume, le cercle, le carré, etc.)

La dialectique est l'art d'interroger et de répondre sur des questions précises, à partir de définitions admises en commun mais qu'on ne considère pas comme allant de soi, et qu'on est toujours prêt à remettre en question – quitte à les abandonner – ou bien qu'on réussit à consolider ou à affiner.

C'est d'abord par les mathématiques que je peux atteindre une sorte de science de ce monde sensible et visible (de ce monde connu à travers mes yeux et mes sens) dans ce qu'il peut avoir d'ordonné et d'harmonieux (par exemple dans ses mouvements célestes...). Mais ce monde visible, qui à la fois cache et révèle un ordre mathématique, est lui-même l'image d'un monde idéal et divin, intelligible (c'est-à-dire connaissable par l'intelligence seule), et qui, lui, est tout ordre et harmonie.

L'ensemble du monde (sensible et intelligible) apparaît alors gouverné par le bien : il est bien ordonné et bien disposé et, comme tel, susceptible de paraître beau. Or, la connaissance du bien peut non seulement m'expliquer pourquoi le monde visible est ordonné comme il l'est et pourquoi et comment il est l'image d'un monde intelligible supérieur ; mais encore, elle seule est susceptible de garantir l'excellence de l'action et de la conduite humaines : seule la connaissance du bien par le philosophe peut permettre à une cité, si tant est qu'elle soit gouvernée par les philosophes, d'être bien gouvernée.

Ainsi, nous retrouvons les quatre étapes de la progression de l'élève cherchant à atteindre la science, depuis l'opinion jusqu'à la science :

– l'opinion commune (prisonnière de l'imagination) ;

– un premier niveau d'étude des mathématiques, permettant d'avoir quant au monde sensible un aperçu de son ordre et de ce qu'il peut posséder de stable et d'ordonnable ;

– un niveau supérieur des mathématiques qui nous fait considérer les objets mathématiques pour ce qu'ils sont, comme des objets non visibles et non sensibles, mais seulement intelligibles ;

– et le niveau suprême de la science qui nous élève à la vue des essences dont les objets mathématiques sont des images, mais dont tous les objets de notre perception et de notre discours communs sont de plus lointaines images encore ; niveau suprême qui nous conduit enfin jusqu'à la connaissance de la cause de ces essences et « de tout ce qu'il y a de droit et de beau » dans le monde. (Sur la dialectique, les deux niveaux des mathématiques et le bien, voir **Dossier** : Concepts clés, pp. 82-83 ; pp. 85-88.)

La philosophie et la politique

On peut être effrayé par le caractère radical du projet de réforme de la cité, par un programme qui peut être jugé – de façon peut-être anachronique mais néanmoins suggestive – « totalitaire » et « utopique » à plus de vingt siècles de distance.

Platon juge pourtant avec beaucoup de sagacité les effets pervers de la démocratie : la tentation pour des hommes politiques talentueux (en particulier dans l'art de la parole) de séduire l'opinion à leur profit plutôt que pour le profit de la cité, l'inconséquence d'une opinion ignorante de son véritable intérêt. Les démocraties favorisent la désorganisation de la cité et, ainsi, la venue de tyrans démagogues qui, alors, se présentent aisément comme des sauveurs de la patrie.

Sans doute alors faut-il que ce soient des « sages », c'est-à-dire « des hommes qui savent », qui président aux destinées de la cité, et non la foule ignorante. Mais de quel savoir, de quelle sagesse s'agit-il ? S'il s'agit d'une compétence politique, doit-elle gouverner sans tenir compte de l'opinion qu'elle devrait diriger plus qu'écouter ? Qu'est-ce qui, pour Platon, définit cette compétence politique ? La science. Platon suit les traces de Socrate : nul n'est méchant volontairement, seule l'ignorance du bien (de mon bien comme de celui de la cité dont il est inséparable) est la raison de la méchanceté des hommes. Ce thème de l'ignorance des individus et des peuples (maintenus de plus dans l'ignorance par leurs gouvernants) comme source de leurs malheurs sera repris par la philosophie rationaliste des Lumières : ce n'est pas un obscur péché originel ni une fatalité de la nature humaine mais la seule ignorance qui est la cause des passions dévastatrices des hommes.

Mais, là encore, de quelle ignorance s'agit-il ? Quelle science est à même d'inspirer correctement les maîtres d'un État ? Selon Platon, la science qui doit éclairer les sages à la tête de la cité idéale est faite de mathématiques et de dialectique : elle consiste dans une complète maîtrise du raisonnement, à l'œuvre dans une démonstration mathématique, dans une argumentation dialectique. La lecture du livre VII de la *République* est une invitation à la philosophie, c'est-à-dire à une maîtrise de l'usage de sa raison pour ne pas être prisonnier de ses opinions et de son ignorance, pour s'élancer vers la connaissance et ce, jusqu'à ce que soient atteints les fondements de la science et de l'être (le bien). Mais une question demeure, et elle est de taille : la rationalité présente dans les mathématiques peut-elle être présente de la même façon dans les questions éthiques et politiques ?

À cette question, Aristote, bien avant nous, répondait : « non ». Une chose est la science qui porte sur le nécessaire (sur des relations universelles de nécessité entre des principes et des conséquences), une autre est la sagesse qui porte sur ce qu'il convient de faire dans des situations et des cir-

constances toujours particulières et contingentes, selon Aristote. Nous dirons en tout cas que le monde politique revêt une complexité telle qu'il ne peut être réduit à des relations de simplicité idéale comme entre des objets mathématiques. Mieux, peut-être faut-il même abandonner l'idée que ce monde-ci est l'image d'un monde idéal supérieur. Vouloir façonner la cité conformément à la perfection d'un modèle fait même courir le risque d'exercer une violence pire que celle qu'on pensait éradiquer.

Il ne s'agit pas pour autant que la raison abdique, au vu de l'imperfection de ce monde et des hommes. La cité ne doit pas être livrée aux caprices de l'opinion de la foule et, pire, à ceux de n'importe quel tyran sans scrupule. La sagesse éthico-politique (la « prudence »), qu'Aristote distingue de la science théorique, relève aussi, à ses yeux, de la raison. Le monde politique dans sa complexité même appelle des analyses rationnelles rigoureuses et un combat rationnel de tous les instants, qui passe alors par la délibération et la confrontation dialectique des opinions, et donc, contrairement à ce que pensait Platon, peut-être par davantage de démocratie.

Résumé - Guide de lecture

- Les différentes étapes qui marquent la montée du philosophe vers la sagesse suprême – la science du bien –, seule en mesure de le rendre apte à gouverner la cité idéale : voilà ce que décrit le livre VII de la *République*.
- D'abord, de manière allégorique : dans la célèbre allégorie de la caverne.
- Ensuite, d'une manière explicite :

  – dans la définition du contenu et de l'esprit de l'enseignement ;

  – dans l'indication des différents moments de la carrière du philosophe, depuis son jeune âge jusqu'à l'âge propice au gouvernement de la cité.

L'allégorie de la caverne (514*a*-517*b*)

1. Présentation de l'allégorie (514*a*-517*b*)

- Socrate invite Glaucon à imaginer le tableau suivant : des prisonniers enchaînés au fond d'une caverne, le corps et la tête immobilisés, regardent défiler des ombres sur la paroi de la caverne qu'ils ont devant les yeux, tout en percevant des échos de voix.
- D'où viennent ces ombres ? De figurines en bois et en pierre représentant des hommes, des animaux, portées, comme dans un théâtre de marionnettes, au-dessus d'un mur par des machinistes. Et ces échos ? Des voix de ces machinistes. En retrait, loin sur une hauteur – mais toujours à l'intérieur de la caverne –, un feu brille : sa lumière éclaire ces figurines ou ces marionnettes et, passant au-dessus du mur, projette ainsi leurs ombres sur la paroi du fond de la caverne.
- On libère un des prisonniers : il peut se retourner, regarder les figurines dont il n'avait jamais vu que les ombres mais dont la clarté, à présent, l'éblouit. On le traîne jusque devant le feu dont l'éclat l'éblouit plus encore. Son premier mouvement est de trouver les ombres qu'il voyait auparavant plus distinctes que les figurines et, *a fortiori*, que la lumière du feu.
- Puis on l'emmène jusqu'à l'entrée de la caverne qui est ouverte à la lumière du jour ; on le sort de la caverne. Incapable alors de supporter la vue du jour, il regarde d'abord l'ombre des plantes, des animaux, des êtres vivants sur le sol ainsi que leurs reflets dans les eaux, avant de lever progressivement les yeux vers ces êtres qui l'entourent et, enfin, vers le soleil lui-même.
- Le prisonnier qui a contemplé de telles merveilles ne consent pas aisément à revenir dans la caverne. Quand il redescend, ses yeux, encore tout inon-

dés de la lumière du jour et du soleil, sont incapables de discerner les choses et les êtres qui peuplent le séjour de la caverne. Aussi est-il, du fait de sa maladresse, un objet de risée pour ses compagnons enchaînés.

2. Sens de l'allégorie (517*b*-519*c*)

- Le monde de la caverne figure notre enchaînement au monde sensible. La montée vers le monde du jour figure l'ascension de l'âme vers le monde intelligible.
- Le feu qui éclaire la caverne figure le soleil visible qui éclaire notre monde ; et le soleil qui illumine le monde du jour figure le bien qui est la source de tout ce qu'il y a de lumineux (« de beau et de droit ») dans le monde intelligible comme dans le monde sensible, et dont la contemplation assure la sagesse.
- Que signifie cette allégorie dans le cadre de la *République* et de la description du projet d'une cité idéale ? Elle représente les différentes étapes de l'éducation et de la progression du philosophe jusqu'à la science du bien. Ce n'est que parvenu à ce terme qu'il devra éclairer de sa sagesse la conduite des hommes et prendre en main le gouvernement de la cité. Car on le forcera à redescendre dans la caverne. Une fois qu'il se sera de nouveau habitué à l'obscurité, il sera plus à même de reconnaître les véritables modèles des images et des ombres qu'on y voit passer, et ainsi d'instaurer non une ombre de cité, mais un modèle de cité parfaite.

Les sciences propres à former le philosophe (521*c*-535*a*)

- L'éducation du philosophe consiste à faire que l'âme se tourne du monde obscur de l'opinion vers la lumière de la vérité. Comment ? En lui apprenant à se détacher des sens. C'est à quoi sont utiles les mathématiques.

1. Les mathématiques (522*c*-531*c*)

- Platon distingue, par ordre de succession : arithmétique, géométrie (stéréométrie), astronomie, science de l'harmonie.
- Elles ne devront pas être étudiées en vue de leurs fins utilitaires (comptabilité, négoce, pour l'arithmétique ; mensuration des longueurs pour la géométrie ; navigation, agriculture pour l'astronomie), sinon pour l'art de la guerre qui rentre dans la formation militaire du philosophe, lequel est d'abord un gardien. Si les mathématiques permettent de mieux percevoir les réalités sensibles (de voir les marionnettes elles-mêmes et non plus leurs ombres), leur utilité réside essentiellement dans leur rôle d'éveil et de sti-

mulant de l'intelligence. Elles doivent permettre de sortir du monde sensible (de la caverne). Comment ?

- L'arithmétique permet de dénombrer des êtres uns, distincts, là où le témoignage confus et contradictoire des sens révèle des êtres à la fois uns et multiples. Or toute Idée, toute réalité intelligible est une et identique.
- La géométrie nous fait concevoir des êtres éternels et immuables (ligne droite, cercle, figure idéalement parfaite). Toute idée, toute réalité intelligible est immuable, parfaite, éternelle.
- L'astronomie ne doit pas nous faire seulement mieux contempler le ciel visible et le soleil qui donne lumière et vie au monde sensible. Elle doit nous faire apercevoir, au-delà du ciel visible, un ciel aux êtres et aux mouvements parfaits que l'intelligence seule perçoit (grâce à son utilisation des mathématiques).
- L'harmonie ne doit pas nous faire seulement mieux distinguer les sons, les accords consonants et dissonants, mais elle doit nous faire apercevoir, au-delà des harmonies que l'oreille perçoit, les harmonies parfaites que l'intelligence seule peut concevoir (grâce à l'application des mathématiques à l'étude de l'harmonie musicale).
- Ces sciences dévoilent ainsi l'existence d'un monde intelligible. Mais elles nous le dévoilent comme s'il s'agissait encore d'un rêve.

2. Mathématiques et dialectique (531*d*-535*a*)

- Les mathématiques, en effet, ne nous donnent une idée du monde intelligible qu'à travers un support sensible, matériel : le support de figures visibles pour la géométrie, le support du ciel visible pour l'astronomie, celui des sons et de leurs intervalles pour l'harmonie.
- C'est pourquoi les mathématiques ne sont qu'un prélude à la dialectique, véritable science des réalités intelligibles, ou des Idées.
- Dans la dialectique, l'âme se hausse à une vue d'ensemble des sciences, pour aller au-delà des principes ou des hypothèses que chacune d'entre elles envisage : pour arriver à la connaissance du principe anhypothétique du bien. Sans la connaissance du bien, but essentiel de la dialectique, l'homme se conduit comme un aveugle et le philosophe ne saurait connaître ce qu'est vraiment une cité juste.

La sélection et la formation progressive des philosophes (535*a*-541*b*)

- À qui ces études (mathématiques, astronomie, harmonie, puis dialectique et science du bien) doivent-elles être destinées ?
- À ceux qui réuniront d'abord des qualités physiques et morales caractérisant un gardien courageux et, en même temps, des dispositions intellectuelles (mémoire, goût des études...).
- À quel âge ? Il faut d'abord faire étudier assez jeune les mathématiques mais sans contrainte, comme s'il s'agissait d'un jeu, afin de pouvoir distinguer plus aisément ceux qui s'y révèlent les plus doués – et ce, une fois terminées les deux ou trois années obligatoires de gymnastique.
- Quand les sujets en question auront atteint l'âge de vingt ans, on retiendra les meilleurs et on leur présentera les études mathématiques sous un aspect synthétique afin de distinguer ceux qui seront les plus aptes à la dialectique (qui exige un esprit synthétique).
- À trente ans, les meilleurs, les plus sûrs, les plus solides, ceux qui risquent le moins d'en faire un usage abusif et malsain, à la manière des sophistes, auront la possibilité de pratiquer la dialectique, et cela pendant cinq ans.
- Après quoi, pendant quinze ans, on les forcera à condescendre à s'adonner de nouveau à des occupations militaires, sportives, afin que, par rapport aux autres, ils ne perdent pas leur acquis et leur expérience dans ces domaines.
- À l'âge de cinquante ans, les meilleurs, ceux qui se seront distingués en tout point, s'élèveront jusqu'à la science du bien. Ils auront toujours en vue le bien comme modèle et comme fin pour gouverner la cité, et former leurs successeurs – alternant à tour de rôle occupations politiques et contemplation philosophique, pratique et théorie. Quand ils quitteront ce monde, la cité les vénérera comme des dieux.
- Un tel modèle de cité parfaite n'est pas une chimère. La réalisation en est possible si un ou plusieurs philosophes prennent la tête de la cité... et si, pour commencer, on ne choisit de garder que des enfants de moins de dix ans, non encore gâtés par l'éducation de leurs parents, en reléguant ces derniers à la campagne.

Scènes d'école. Coupe de Douris. Musée de Berlin.

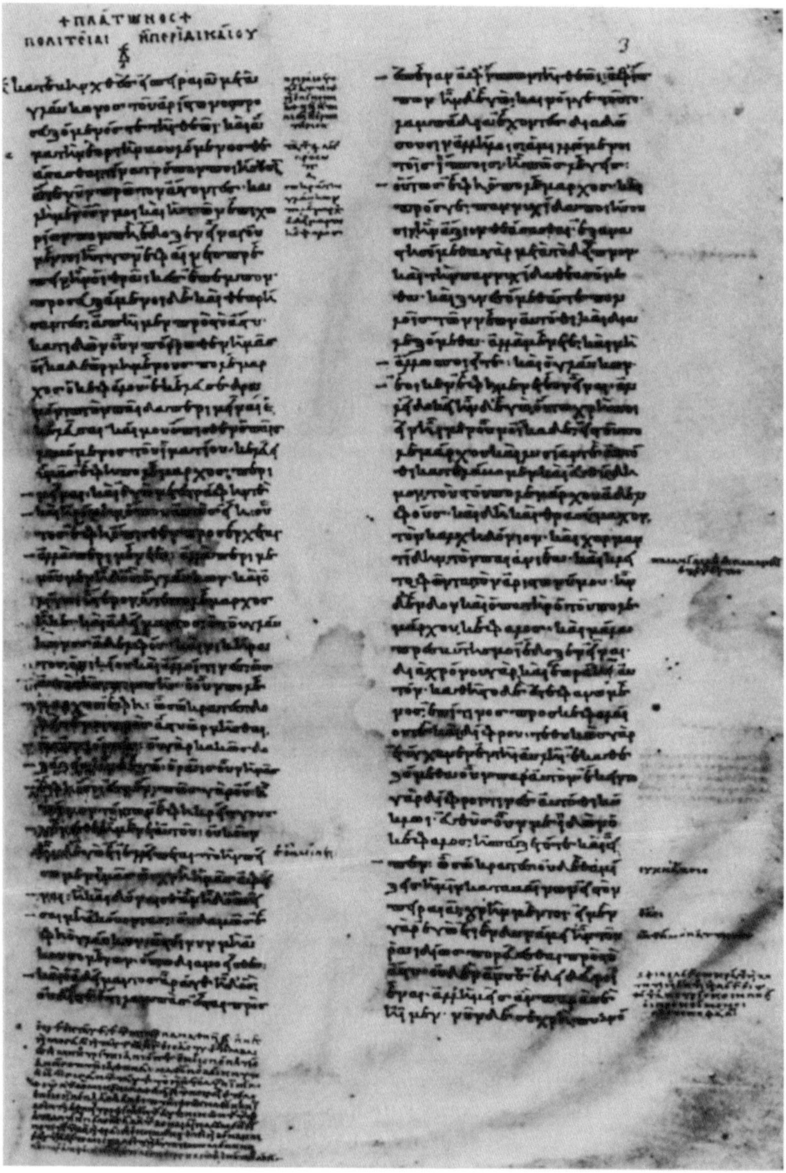

Première page de la République. *Manuscrits Parisianus.* IX*e* *siècle. B.N.*

République
Livre VII

PLATON

Traduction

La traduction est celle de Bernard Piettre

I. ALLÉGORIE DE LA CAVERNE

1. L'ALLÉGORIE [1]

Socrate. – [a] Maintenant, représente-toi notre 514
nature selon qu'elle a été instruite ou ne l'a pas été [2], sous des traits de ce genre : imagine des hommes dans une demeure souterraine, une caverne, avec une large entrée ouverte dans toute sa longueur à la lumière ; ils sont là les jambes et le cou enchaînés depuis leur enfance, de sorte qu'ils sont immobiles[3] [b] et ne regardent que ce qui est devant eux, leur chaîne les empêchant de tourner la tête. La lumière leur parvient d'un feu qui[4], loin sur une hauteur, brûle derrière eux ; et entre le feu et les prisonniers s'élève un chemin le long duquel imagine qu'un petit mur a été dressé, semblable aux cloisons que des montreurs de marionnettes placent devant le public et au-dessus desquelles ils font voir leurs marionnettes.

Glaucon. – Je vois.

S. – Imagine le long du mur des hommes qui portent [c] toutes sortes d'objets[5], qui dépassent le mur, des sta-
tuettes d'hommes et [a] de divers animaux, en pierre, en 515
bois, faits de toutes sortes de matériaux ; parmi ces porteurs, naturellement il y en a qui parlent et d'autres qui se taisent.

G. – Voilà un étrange tableau et d'étranges prisonniers.

S. – Ils nous ressemblent. Penses-tu que de tels hommes aient vu d'eux-mêmes et des uns et des autres autre chose que les ombres projetées par le feu sur la paroi de la caverne qui leur fait face ?

G. – Comment cela se pourrait-il, en effet, s'ils sont forcés de tenir la tête immobile [b] pendant toute leur vie ?

S. – Et pour les objets qui sont portés le long du mur, est-ce qu'il n'en sera pas de même ?

G. – Bien sûr.

S. – Dans ces conditions, s'ils pouvaient se parler les uns aux autres, ne penses-tu pas qu'ils croiraient nommer les objets réels eux-mêmes en nommant ce qu'ils voient ?

1. Les titres et sous-titres ont été ajoutés par nous. Sur le titre « allégorie de la caverne », voir **Commentaire d'extraits** : Texte 1, p. 100

2. La réforme de la cité suppose une réforme de l'éducation, en particulier des futurs philosophes qui prendront la tête de la cité.

3. Les hommes prisonniers dans la caverne : telle est notre condition tant que nous sommes prisonniers de notre corps et de nos sens. Les élans de l'âme sont comme immobilisés par la certitude que la réalité n'est pas autre chose que celle que nous présentent nos cinq sens (réalité sensible) et par l'illusion que le bonheur et le bien se réduisent aux plaisirs éprouvés au moyen de ces mêmes sens.

4. Ne pas confondre la lumière de ce feu – situé sur une hauteur derrière les prisonniers, *à l'intérieur* de la caverne – avec la lumière du soleil éclairant le jour, *à l'extérieur* de la caverne. L'entrée de la caverne est bien ouverte à la lumière du jour, « dans toute sa longueur », mais cette ouverture est trop élevée et trop éloignée du fond de la caverne pour l'éclairer et y projeter les ombres des marionnettes.

5. Objets fabriqués et artificiels, contrairement aux réalités naturelles que le prisonnier libéré verra dans la lumière du jour.

G. – Nécessairement.

S. – Et s'il y avait aussi dans la prison un écho que leur renverrait la paroi qui leur fait face ? Chaque fois que l'un de ceux qui se trouvent derrière le mur parlerait, croiraient-ils entendre une autre voix, à ton avis, que celle de l'ombre qui passe devant eux ?

G. – Ma foi non.

S. – Non, [c] de tels hommes ne penseraient absolument pas que la véritable réalité puisse être autre chose que les ombres des objets fabriqués[1].

G. – De toute nécessité.

S. – Envisage maintenant ce qu'ils ressentiraient à être délivrés de leurs chaînes et à être guéris de leur ignorance[2], si cela leur arrivait, tout naturellement[3], comme suit : si l'un d'eux était délivré et forcé soudain de se lever, de tourner le cou, de marcher et de regarder vers la lumière ; s'il souffrait de faire tous ces mouvements et que, tout ébloui, il fût incapable de regarder les objets dont [d] il voyait auparavant les ombres, que penses-tu qu'il répondrait si on lui disait que jusqu'alors il n'a vu que des futilités mais que, maintenant, plus près de la réalité et tourné vers des êtres plus réels, il voit plus juste[4] ; lorsque, enfin, en lui montrant chacun des objets qui passent, on l'obligerait à force de questions à dire ce que c'est, ne penses-tu pas qu'il serait embarrassé et trouverait que ce qu'il voyait auparavant était plus véritable que ce qu'on lui montre maintenant ?

G. – Beaucoup plus véritable.

S. – Si on le forçait [e] à regarder la lumière elle-même, ne penses-tu pas qu'il aurait mal aux yeux, qu'il la fuirait pour se retourner vers les choses qu'il peut voir et les trouverait vraiment plus distinctes que celles qu'on lui montre ?

G. – Si.

S. – Mais si on le traînait de force tout au long de la montée rude, escarpée, et qu'on ne le lâchât pas avant de l'avoir tiré dehors à la lumière du soleil, ne penses-tu pas qu'il souffrirait et s'indignerait d'être ainsi traîné ; et que, une fois parvenu à la lumière du jour, [a] les yeux
516 pleins de son éclat, il ne pourrait pas discerner un seul des êtres appelés maintenant véritables[5] ?

G. – Non, du moins pas sur le champ.

S. – Il aurait, je pense, besoin de s'habituer pour être en mesure de voir le monde d'en haut. Ce qu'il regar-

1. Les prisonniers, ne pouvant se retourner, ne soupçonnent pas qu'il puisse exister une autre réalité que celle qu'ils voient, et c'est donc de *toute nécessité* qu'ils pensent que la réalité se réduit à celle qu'ils voient. L'opinion, d'une manière générale, est d'autant plus sûre d'elle-même qu'elle est éloignée de la vérité.

2. Littéralement : « de leur absence de sagesse ». De même que saint Paul dira : « La sagesse des hommes est folie aux yeux de Dieu et la sagesse de Dieu, folie aux yeux des hommes », Platon dit : « La sagesse des hommes est folie aux yeux du sage, et la sagesse du sage, folie aux yeux des hommes. »

3. « Tout naturellement », peut-être parce que l'âme est par nature apparentée à la région divine et appelée à se délivrer du corps et du monde sensible.

4. La contemplation des figurines ou des marionnettes n'est pas encore la contemplation des Idées et des êtres véritables du monde intelligible. Elle constitue un stade intermédiaire entre l'opinion et la science. Voir **Problématiques essentielles**, p. 33 et **Commentaires d'extraits** : Texte 1, p. 100.

5. Nous sommes à présent à l'extérieur de la caverne, en plein jour, en présence des êtres véritables et non plus de leurs reproductions par des marionnettes dont les prisonniers ne voyaient que des ombres.

derait le plus facilement d'abord, ce sont les ombres, puis les reflets des hommes et des autres êtres sur l'eau, et enfin les êtres eux-mêmes. Ensuite il contemplerait pendant la nuit les objets célestes et le ciel lui-même – en levant les yeux vers la lumière des étoiles et de la lune – plus facilement [b] qu'il ne contemplerait, de jour, le soleil et la lumière du soleil.

G. – Certainement.

S. – Finalement, je pense que c'est le soleil, et non pas son image dans les eaux ou ailleurs, mais le soleil lui-même à sa vraie place, qu'il pourrait voir et contempler tel qu'il est.

G. – Nécessairement.

S. – Après cela il en arriverait à cette réflexion, au sujet du soleil, que c'est lui qui produit les saisons et les années, qu'il gouverne tout dans le monde visible, et qu'il est [c] la cause, d'une certaine manière[1], de tout ce que lui-même et les autres voyaient dans la caverne.

G. – Après cela, il est évident que c'est à cette conclusion qu'il en viendrait.

S. – Mais quoi, se souvenant de son ancienne demeure, de la science qui y est en honneur, de ses compagnons de captivité, ne penses-tu pas qu'il serait heureux de son changement et qu'il plaindrait les autres ?

G. – Certainement.

S. – Et les honneurs et les louanges qu'on pouvait s'y décerner mutuellement, et les récompenses qu'on accordait à qui distinguait avec le plus de précision les ombres qui se présentaient, à qui se rappelait le mieux celles [d] qui avaient l'habitude de passer les premières, les dernières, ou ensemble, et à qui était le plus capable, à partir de ces observations, de présager ce qui devait arriver[2] : crois-tu qu'il les envierait ? Crois-tu qu'il serait jaloux de ceux qui ont acquis honneur et puissance auprès des autres, et ne préférerait-il pas de loin endurer ce que dit Homère : « *Être un valet de ferme au service d'un paysan pauvre*[3] », plutôt que de partager les opinions de là-bas et de vivre comme on y vivait ?

G. – Oui, [e] je pense qu'il accepterait de tout endurer plutôt que de vivre comme il vivait.

S. – Et réfléchis à ceci : si un tel homme redescend et se rassied à la même place, est-ce qu'il n'aurait pas les yeux offusqués par l'obscurité en venant brusquement du soleil ?

1. Le bien est *d'une certaine manière* la cause de tout ce qui est dans le monde visible : le bien est la cause de ce qui, dans le monde visible, reflète le monde intelligible et donc tend vers le bien, mais non pas la cause de ce qui, dans le monde sensible, est réfractaire à l'ordonnance du bien (voir *République* 379*b*) : « Dieu, puisqu'il est bon n'est pas non plus la cause de tout, comme on dit communément. Pour les biens, nul autre que lui n'en est l'auteur ; mais pour les maux, il faut en chercher la cause ailleurs qu'en Dieu. »

2. Telle est la science qui est en honneur dans la caverne, c'est-à-dire dans notre monde : faite de conjectures tirées de l'expérience à partir de laquelle on peut, par exemple, deviner avec une certaine probabilité l'avenir.

3. *Odyssée,* XI, 5, 485-490. Alors qu'Ulysse visite les enfers et voit l'ombre d'Achille régner sur les morts, il lui dit : « Je te vois sur les morts exercer la puissance, pour toi-même la mort, Achille est sans tristesse ». Mais Achille lui répond : je préférerais encore « n'être que le valet de ferme d'un paysan pauvre » parmi les vivants. On notera le parallèle entre le monde de la caverne et le monde des enfers.

G. – Si, tout à fait.

S. – Et s'il lui fallait à nouveau donner son jugement sur les ombres et rivaliser avec ces hommes qui ont toujours été enchaînés, au moment où sa vue est trouble
517 [a], avant que ses yeux ne soient remis – cette réaccoutumance exigeant un certain délai –, ne prêterait-il pas à rire, ne dirait-on pas à son propos que, pour être monté là-haut, il en est revenu les yeux gâtés et qu'il ne vaut même pas la peine d'essayer d'y monter, et celui qui s'aviserait de les délier et de les emmener là-haut, celui-là, s'ils pouvaient s'en emparer et le tuer, ne le tueraient-ils pas[1] ?

G. – Certainement.

2. SENS DE L'ALLÉGORIE

a. La montée dans le monde intelligible et la redescente dans le monde sensible

S. – Ce tableau, cher Glaucon, il faut l'appliquer entièrement [b] à ce qu'on a dit auparavant[2] : en assimilant le monde visible au séjour de la prison, et la lumière du feu au rayonnement du soleil. Et si tu poses que la montée et la contemplation des réalités d'en haut représentent l'ascension de l'âme vers le monde intelligible, tu ne te tromperas pas sur ma pensée, puisque tu désires la connaître ; et Dieu sait si elle est vraie. Voici comment les choses se présentent pour moi : à l'extrémité du monde intelligible, est l'Idée du bien, qui peut à peine être contemplée mais qu'on ne peut voir sans conclure qu'elle est bien [c] la cause universelle de tout ce qu'il y a de rectitude[3] et de beauté dans le monde : dans le monde visible, elle engendre la lumière et sa source souveraine[4], et dans le monde intelligible, souveraine, elle dispense intelligence et vérité[5], et c'est elle qu'il faut contempler pour agir sagement dans la vie privée comme dans la vie publique[6].

G. – Je suis de ton avis, autant que je puis te suivre.

S. – Allez, suis-moi encore sur ce point : ne t'étonne pas si ceux qui sont arrivés jusque-là ne veulent plus conduire les affaires humaines et [d] si leurs âmes sont impatientes de rester toujours à cette hauteur. Ce qui est bien naturel si l'on se rapporte à notre allégorie de tout à l'heure.

1. Allusion évidente à la mort de Socrate.

2. Fin du livre VI. Voir **Commentaires d'extraits** : Texte 1, p. 100.

3. Traduction littérale : cause de tout ce « qui est droit » (*orthos*) et beau dans le monde. *Orthos* signifie « droit, juste, correct, exact, vrai... » ; autrement dit, le bien est ce qui confère ordre ou rectitude au monde en général : la rectitude d'une pensée, d'une conduite, la rectitude des mouvements astronomiques, la rectitude des lignes harmonieuses d'un corps, etc. Voir **Problématiques essentielles** : L'apprentissage de la philosophie passe par les mathématiques et la dialectique, p. 33 et **Concepts clés** : le bien, p. 86.

4. Le soleil.

5. Le bien est à la fois la source d'existence des Idées (de la vérité) et la source en l'âme de la connaissance de ces Idées. Voir **Concepts clés** : le bien, p. 86.

6. Voir livre VI (505*d*) : « L'idée du bien est l'objet de la science la plus haute et c'est d'elle que la justice et les autres vertus tirent leur utilité ou leur avantage [...] sans la possession du bien, celle de tout autre chose est inutile ». Voir **Problématiques essentielles** : Qu'est-ce que la philosophie ? La philosophie doit s'élever à la connaissance du bien, p. 32.

G. – Oui. C'est naturel.

S. – Mais quoi ! Penses-tu qu'il soit étonnant que, passant des contemplations divines aux misérables visions humaines, on soit maladroit et paraisse tout à fait ridicule quand, la vue encore troublée, avant de s'être habitué à l'obscurité environnante, on est obligé d'entrer en dispute devant les tribunaux ou ailleurs sur les ombres de justice ou sur les images qui projettent ces ombres[1], et de s'escrimer avec acharnement [e] contre l'interprétation de ceux qui n'ont jamais vu la justice elle-même[2] ?

G. – Ce n'est pas du tout étonnant.

S. – Un homme sensé [a] se rappellerait qu'il y a *518*
deux sortes de troubles de la vue, dus à deux causes différentes : le passage de la lumière à l'obscurité et le passage de l'obscurité à la lumière. Songeant que cela vaut également pour l'âme, quand on verra une âme troublée et incapable de discerner quelque chose, on se demandera si, venant d'une existence plus lumineuse, elle est aveuglée faute d'habitude, ou si, passant d'une plus grande ignorance à une existence plus lumineuse, [b] elle est éblouie par son trop vif éclat. Dans le premier cas, alors, on se réjouirait de son état et de l'existence qu'elle mène ; dans le second cas, on la plaindrait et, si l'on voulait en rire, la raillerie serait moins ridicule que si elle s'adressait à l'âme qui redescend de la lumière[3].

G. – C'est parler avec beaucoup de justesse.

b. La nature de l'éducation à donner au philosophe

S. – Il faut, si tout cela est vrai, penser alors ceci : que l'éducation n'est pas ce que certains[4] prétendent qu'elle est. Ils disent [c] introduire la science dans l'âme, où elle n'est point, comme ils introduiraient la vue dans des yeux aveugles.

G. – Ils le disent, en effet.

S. – Or notre discussion nous fait voir que cette faculté d'apprendre et l'organe à cet usage résident dans l'âme de chacun et que, semblable à des yeux qui ne pourraient se détourner de l'obscurité vers la lumière qu'avec le corps tout entier, l'organe de l'intelligence doit se détourner du devenir avec l'âme toute entière jusqu'à ce qu'il soit capable de contempler l'être et ce qui, de l'être, est le plus lumineux : ce que nous avons appelé [d] le bien, n'est-ce pas[5] ?

1. Le monde de l'opinion est là encore présenté à deux niveaux : les images qui projettent les ombres et les ombres (dans l'allégorie de la caverne : les marionnettes et leurs ombres) : ici, la justice, telle qu'elle peut exister comme exigence commune dans le monde sensible (même si elle n'est pas aussi parfaite que dans le monde intelligible), et sa falsification dans un procès.

2. Allusion au procès de Socrate, à la justice populaire d'Athènes…

3. L'apprenti philosophe qui s'élève péniblement et maladroitement à la philosophie, s'il prête à rire, mérite davantage qu'on en rie que le philosophe qui paraît gauche et ridicule en s'efforçant de redescendre du monde des Idées pour vivre au milieu des autres.

4. Les sophistes. Voir **Biographie de Platon**, pp. 5 *sq*.

5. L'éducation ne doit pas consister à inculquer tout un savoir superficiel et *extérieur* à l'âme, comme le faisaient les sophistes ; Hippias, par exemple, se targuait de posséder une culture universelle. Elle doit tourner l'intelligence vers ce qui est essentiel : vers les essences, vers l'être, c'est-à-dire vers la science que l'âme possède à l'intérieur d'elle-même (voir note 1, p. 49).

G. – Oui.

S. – Pour cela, pour cette conversion, tout l'art consiste à faire tourner cet organe de la manière la plus aisée et la plus efficace : il ne s'agit pas de lui procurer la vue – il l'a déjà[1] – mais, comme il n'est pas correctement tourné et qu'il ne regarde pas là où il faudrait, de tout faire pour qu'il y parvienne.

G. – C'est ce qu'il semble.

S. – Ce qu'autrement on appelle vertus de l'âme risque bien de ressembler aux vertus du corps : quand elles ne sont pas là au départ, [e] c'est par les habitudes et les exercices qu'ensuite elles se développent. Mais la vertu de la réflexion se trouve, semble-t-il, appartenir à quelque chose de plus divin, qui ne perd jamais son pouvoir mais qui, selon son orientation, devient soit utile et avantageux,
519 soit au contraire inutile [a] et nuisible. N'as- tu pas encore remarqué, chez ceux qu'on dit à la fois mauvais et rusés, l'acuité du regard de leur âme mesquine et la pénétration avec laquelle elle discerne les objets vers lesquels elle tourne son attention : elle n'a pas la vue faible mais elle est poussée à la mettre au service de sa méchanceté ; aussi plus a-t-elle la vue pénétrante, plus fait-elle de mal[2].

G. – Très juste.

S. – Et pourtant, si on élaguait l'âme d'une telle nature et qu'on coupât dès l'enfance comme ces masses de plomb apparentées au devenir [b] (excroissances que nourritures, plaisirs, délices, ont greffées sur elle et qui tournent la vue de l'âme vers le bas), si, débarrassée de ce poids, elle se tournait vers les véritables réalités, la même âme des mêmes hommes verrait celles-ci avec la même pénétration que les objets vers lesquels elle est à présent tournée[3].

G. – C'est vraisemblable.

S. – Mais quoi ? N'est-il pas vraisemblable aussi, et n'est-ce pas une conséquence nécessaire de ce que nous avons dit que ni ceux qui n'ont reçu aucune instruction et qui sont ignorants de la vérité, [c] ni ceux non plus qu'on a laissé passer toute leur vie à s'instruire, ne sont propres à gouverner une cité ; les uns, parce qu'ils n'ont aucun but vers lequel il leur faille tendre dans tous leurs actes privés ou publics ; les autres, parce qu'ils ne consentiront pas à s'en occuper, pensant être établis, de leur vivant même, dans les îles des Bienheureux[4]. /

G. – C'est vrai.

1. Connaître, c'est se ressouvenir de la science qui est en nous, la redécouvrir. Voir **Grandes thèses** : Le corps, obstacle à l'accès au monde intelligible, p. 89.

2. Voir *République*, livre VI, 491 : « Les âmes les mieux douées, si elles rencontrent une mauvaise éducation, deviennent éminemment mauvaises. Crois-tu en effet que les grands crimes et la méchanceté consommée partent d'une âme médiocre et non d'une nature forte que l'éducation a gâtée et qu'une nature faible soit jamais capable de grands biens et de grands maux ? »

3. Platon compare, dans le *Phèdre*, l'âme à un attelage ailé avec un cheval rétif qui le tire vers le bas et un bon cheval qui le tire vers le haut. En gardant cette comparaison, on pourrait dire que les masses de plomb, nées d'une vie tournée vers le devenir et vers le corps, l'alourdissent, la tirent vers le bas et l'empêchent de s'envoler vers les essences divines, vers l'être, vers le bien.

4. Dans la mythologie grecque (en particulier dans la tradition orphique), paradis ou Champs-Élysées où les âmes les plus pures, les moins souillées par la vie qu'elles ont menée, séjournent après leur mort.

3. L'ON FORCERA LE PHILOSOPHE À REDESCENDRE DANS LA CAVERNE ET À DIRIGER LA CITÉ

S. – Notre œuvre de fondateurs est d'obliger les meilleures natures à aborder cette science que nous avons reconnue comme la plus haute : voir le bien [d] et gravir cette pente dont nous avons parlé ; et, lorsqu'ils l'auront gravie, et qu'ils auront contemplé le bien assez longtemps, gardons-nous de leur permettre ce qu'on leur permet aujourd'hui.

G. – Quoi donc ?

S. – D'y rester et de ne plus vouloir redescendre auprès de nos prisonniers[1] et prendre part à leurs travaux et à leurs honneurs, qu'ils soient méprisables ou estimables.

G. – Mais est-ce que nous ne serions pas injustes à leur égard et ne leur procurerions-nous pas une vie de moindre valeur quand il leur serait possible d'en avoir une meilleure ?

S. – Tu oublies [e] à nouveau, mon cher, que la loi ne se préoccupe pas d'assurer de manière privilégiée le bonheur d'une seule classe[2], mais s'emploie à le réaliser dans l'ensemble de la cité, en unissant les citoyens par la persuasion et la contrainte, les amenant à échanger entre
eux les services que chacun [a] est en mesure de rendre à *520*
la communauté[3], et que, si elle s'applique à former de pareils citoyens dans la cité, ce n'est pas pour les laisser libres de se tourner chacun vers ce qui lui plaît, mais pour les faire travailler ensemble à la cohésion de la cité.

G. – C'est vrai, je l'avais en effet oublié.

S. – Observe donc que nous ne serons pas injustes à l'égard de ceux qui sont devenus philosophes chez nous ; nous leur invoquerons de justes raisons pour les obliger à se charger de la conduite et de la garde des autres. Nous leur dirons, en effet, [b] que ceux qui sont devenus des philosophes comme eux dans les autres cités ont raison de ne pas prendre part aux charges de la politique. Car ils se forment eux-mêmes, en dépit de leur gouvernement respectif, et il est juste que ce qui se forme soi-même et ne doit à personne le soin de son éducation, ne soit redevable à qui que ce soit du bienfait de son éducation. Mais nous,

1. Dans la cité modèle, pour que la politique soit subordonnée à la philosophie, il ne faut pas qu'inversement la philosophie reste coupée de la politique, et que, par exemple, le philosophe demeure un étranger et un incompris parmi ses concitoyens (comme l'a été Socrate).

2. Cela, en effet, a été déjà dit par Socrate (livre VI, 416*e*) : les gardiens devront se priver de tout bien personnel, d'argent, de famille, et ce pour le bien de l'ensemble de la communauté. De même, les philosophes devront savoir sacrifier la joie privée de la méditation et de la spéculation pour apporter la contribution de leur sagesse au bien commun.

3. Trois classes ont un rôle spécifique dans la cité : la classe des paysans et des artisans qui assurent la vie matérielle de la cité, la classe des gardiens qui assurent sa défense, la classe des philosophes qui assurent sa direction. La division du travail à l'intérieur de la classe laborieuse et la division du travail entre les trois classes constituent la condition fondamentale de la cohésion et de l'harmonie de la cité. Voir **Problématiques essentielles** : Une cité juste : une cité gouvernée par les philosophes, p. 29.

nous vous avons formés pour être pour vous-mêmes et pour le reste de la cité comme des reines et des gardiennes dans des essaims d'abeilles, après vous avoir donné une éducation meilleure et plus achevée que celle qu'ont reçue les autres philosophes, [c] et après vous avoir rendus plus capables qu'eux de prendre part à l'une et l'autre occupation[1]. Il faut donc redescendre dans la demeure de nos concitoyens et vous habituer à observer les ombres obscures ; une fois que vous y serez habitués, vous verrez mille fois mieux que les autres et vous reconnaîtrez chaque image, ce qu'elle est et ce dont elle est le reflet, pour avoir vu les véritables réalités qui ont trait à ce qui est beau, juste, bien. Et ainsi, pour nous comme pour vous, la cité deviendra une réalité et non un rêve comme le sont les autres cités où les gouvernants se battent pour des ombres et se disputent [d] pour le pouvoir comme s'il s'agissait d'un grand bien. Mais voici quelle est la vérité : la cité où ceux qui doivent détenir le pouvoir sont le moins désireux du pouvoir, est nécessairement celle qui est la mieux et la plus paisiblement dirigée[2] ; ce sera le contraire pour celle dont les dirigeants sont de nature contraire.

G. – C'est très vrai.

S. – Ceux que nous avons élevés à la philosophie, en nous entendant, résisteront-ils à nos raisons ? Ne voudront-ils pas se partager chacun, à tour de rôle, les charges de la politique, et puis passer la plus grande partie de leur temps, ensemble, dans le pur séjour des Idées[3] ?

G. – Impossible qu'ils refusent. [e] Car ce sont des choses justes que nous demandons à des êtres justes. Et, surtout, chacun d'eux n'ira au pouvoir que par nécessité, contrairement aux dirigeants actuels dans toutes les cités.

S. – C'est ainsi, en effet, mon cher. Si tu trouves
521 une vie meilleure que l'exercice du pouvoir[4] pour ceux [a] qui doivent être au pouvoir, tu auras une cité susceptible d'être bien gouvernée. Car c'est dans cette cité seule que dirigeront ceux qui sont réellement riches, non d'or, mais de ce dont il faut être riche pour être heureux, de vie bonne et sage[5]. Mais si des mendiants, des gens avides de biens privés viennent aux affaires publiques avec l'idée que c'est là qu'ils vont ravir du bien, il n'y a pas de cité bien gouvernée : le pouvoir est l'enjeu de rivalités et c'est une guerre fratricide et intestine qui les perd et, avec eux, le reste de la cité.

G. – Rien de plus vrai.

1. À la méditation philosophique comme à l'action politique. L'éducation du philosophe dans la cité idéale a un double objectif : s'élever à la contemplation du bien (sortir de la caverne), savoir agir au milieu des hommes dans la cité (redescendre dans la caverne). Voir fin du livre VII, 535*a sq.*

2. Cette formule résume bien l'esprit de la cité platonicienne où politique et moralité sont absolument confondues : une cité est sagement gouvernée par des hommes complètement désintéressés. L'idée d'un art politique spécifique, réaliste, pragmatique, faisant des concessions à l'immoralité et rusant avec les passions humaines (voir Machiavel et *Traité Politique* de Spinoza) est tout à fait étrangère à Platon.

3. Voir fin du livre VII (540*b*). Voir **Commentaires d'extraits** : Texte 1, p. 100.

4. À savoir la vie contemplative du philosophe.

5. Voir *République*, livre III (416*e*), quand Platon dit, à propos de la condition des gardiens, qu'ils ne devront posséder ni or, ni argent, ni biens particuliers : « Pour l'or et l'argent, on leur dira qu'ils ont toujours dans leur âme de l'or et de l'argent divins et qu'ils n'ont pas besoin de l'or et de l'argent des hommes ».

S. – Connais-tu [b] une autre vie qui inspire le mépris de la politique que celle de la véritable philosophie ?

G. – Non, par Zeus.

S. – Mais ce n'est pas en amoureux du pouvoir qu'il faut s'en approcher ; sinon, la rivalité fera naître des querelles entre les prétendants.

G. – Inévitablement.

S. – Qui contraindras-tu d'aller assurer la garde de la cité sinon ceux qui sont les plus instruits sur les moyens de gouverner au mieux une cité, et qui ont d'autres honneurs et une vie préférable à celle de l'homme politique ?

G. – Aucun autre.

II. SCIENCES PROPRES À FORMER LE PHILOSOPHE

1. NATURE DES SCIENCES PROPRES À FORMER LE PHILOSOPHE

S. – [c] Est-ce que tu veux que nous examinions maintenant de quelle manière se formeront de tels hommes, comment on les conduira à la lumière, de même que quelques-uns, dit-on, sont montés des enfers vers les dieux[1] ?

G. – Et comment ne le voudrais-je pas ?

S. – Il ne s'agit pas, apparemment, de faire se retourner un jeton[2] ; mais de convertir l'âme[3] d'une espèce de jour nocturne vers un jour véritable, c'est-à-dire vers une remontée à l'être : c'est cela que nous appellerons la véritable philosophie.

G. – Très bien.

S. – Il faut donc chercher parmi les sciences celles qui possèdent un tel [d] pouvoir.

G. – Sans doute.

S. – Quelle peut donc être, Glaucon, cette science qui entraîne l'âme du devenir vers l'être ? Tout en parlant, voici à quoi je pense : n'avons-nous pas dit que nos philosophes devaient être exercés, dans leur jeunesse, à l'art de la guerre ?

G. – Nous l'avons dit.

1. Il s'agit des héros de la mythologie grecque, c'est-à-dire des mortels qui après leur mort ont été acceptés, pour leurs exploits, dans le sein de l'Olympe parmi les dieux immortels.

2. Pour jouer à pile ou face.

3. Même formule en 518*d* : l'éducation ne consiste pas dans l'introduction d'un savoir dans l'âme mais dans une conversion (*périagôgè*) de l'âme du devenir vers l'être.

S. – Il faut donc que la science que nous cherchons, outre cet avantage, en possède un autre.

G. – Lequel ?

S. – Celui de ne pas être inutile à des hommes de guerre[1].

G. – Il le faut assurément, si c'est possible.

S. – C'est par la gymnastique [e] et la musique que nous les avons d'abord formés[2].

G. – C'est cela.

S. – Mais la gymnastique a pour objet ce qui naît et ce qui meurt[3] ; elle se soucie de ce qui peut augmenter ou diminuer les forces du corps.

G. – C'est clair.

S. – Ce ne peut donc être la science que nous cherchons.

522 **G.** – [a] Non en effet.

S. – Est-ce que ce sera la musique sur laquelle nous avions porté tout à l'heure notre examen ?

G. – Mais elle était le pendant de la gymnastique, si tu t'en souviens : elle donnait des habitudes à nos gardiens, leur communiquant, par l'harmonie, le sens d'une heureuse harmonie – mais non un savoir – par le rythme, le sens de la juste mesure[4] ; et dans les récits, qu'ils soient légendaires ou qu'ils soient véridiques, d'autres habitudes de la même famille[5]. Mais une science qui mène à une fin du genre de celle que tu cherches, elle ne se trouvait nullement [b] en elle.

S. – Tu me le remets très précisément en mémoire. Elle ne renfermait rien de tel effectivement. Mais, divin Glaucon, qu'est-ce qui peut y prétendre ? Car les métiers d'artisans, nous avons jugé qu'ils étaient tous serviles[6].

G. – Bien entendu. Mais alors quelle autre science reste-t-il, une fois qu'on a écarté la musique, la gymnastique, les métiers ?

S. – Allons, si nous ne pouvons plus rien trouver en dehors de cela, prenons l'une de celles qui s'étendent à tout.

G. – Laquelle ?

S. – [c] Par exemple cette science générale qui sert à tous les métiers, à toutes les opérations de l'intelligence, à toutes les sciences et qu'il est nécessaire pour tout le monde d'apprendre parmi les premières.

G. – Laquelle ?

1. L'arithmétique et la géométrie non seulement auront la puissance de favoriser ce retournement de l'âme, qui caractérise la philosophie, mais elles seront aussi utiles à la guerre : car les apprentis philosophes sont recrutés parmi les gardiens ou guerriers.

2. Voir livres II et III de la *République*. Voir **Problématiques essentielles** : Une cité juste : l'éducation des gardiens, p. 30.

3. Le corps – qui, comme tout ce qui a une naissance et une mort, ou comme tout ce qui est sujet à la génération et à la corruption – appartient au devenir. Voir **Grandes thèses** : Le corps, obstacle à l'accès au monde intelligible, p. 89.

4. Voir livre III, 401*a* : « Le défaut de grâce, d'harmonie, de rythme est apparenté à la laideur du langage et du caractère, alors que les qualités contraires sont les sœurs et les images de caractères contraires, celui de l'homme sage et de l'homme de bien. »

5. La poésie fait partie intégrante de ce que les Grecs appelaient la musique (« art des Muses »).

6. Dans la formation de la cité modèle, Platon a déchargé les gardiens et les philosophes de toute tâche matérielle (agricole, artisanale), indispensable pour le corps mais indigne de l'activité d'hommes libres, dont le souci principal doit être le bien de l'âme de leurs concitoyens.

2. L'ARITHMÉTIQUE

a. Utilité générale de l'arithmétique

S. – Celle, très ordinaire, qui consiste à savoir distinguer le un, le deux, le trois, je veux dire, en un mot, la science du nombre et du calcul[1]. Est-ce qu'elle n'est pas telle qu'aucun art, aucune science ne peut s'en passer ?

G. – Si.

S. – L'art de la guerre non plus, par conséquent.

G. – Elle lui est absolument nécessaire.

S. – [d] C'est alors un général ridicule, cet Agamemnon que Palamède nous présente chaque fois dans les tragédies[2] : n'as-tu pas remarqué qu'il prétend, au moyen des nombres qu'il a inventés, avoir distribué les troupes campant devant Troie, et avoir fait le dénombrement des vaisseaux et de tout le reste, comme si avant lui il n'était pas possible de les compter, et que, s'il faut l'en croire, Agamemnon ne sût pas combien il avait de pieds parce qu'il ne savait pas compter ? Quelle idée veux-tu qu'on ait d'un pareil général ?

G. – Celle d'un étrange général, si cela était vrai.

S. – [e] Comme autre discipline nécessaire à un homme de guerre, nous mettrons donc : savoir calculer et compter ?

G. – Oui, et en tout premier lieu, s'il veut entendre quelque chose à la disposition d'une armée, ou, mieux, s'il veut être homme.

S. – Te vient-il la même pensée qu'à moi au sujet de cette science ?

G. – Laquelle ?

S. – Elle pourrait être l'une de ces sciences [a] que 52
nous cherchons, qui conduisent naturellement l'âme à l'intelligence[3] ; mais personne ne sait s'en servir correctement, alors qu'elle est capable de nous tirer vers l'essence.

G. – Que veux-tu dire ?

b. L'arithmétique comme stimulant de l'intelligence : aide à distinguer ce que le témoignage des sens laisse indistinct

S. – Je vais tâcher de rendre claire ma pensée. Je vais distinguer de mon côté les choses qui sont propres à

1. Les Grecs distinguaient la science du calcul (*logismos-logistikè*) et la science du nombre (*arithmos-arithmètikè*), la première formant les rudiments de la seconde.

2. Personnage légendaire auquel on attribuait de nombreuses inventions, (jeux de dés, trictrac) et en particulier l'arithmétique, et qui inspira des auteurs tragiques. Eschyle, Sophocle, Euripide lui avaient consacré chacun une pièce portant son nom.

3. Qui conduisent l'âme à se servir de sa seule intelligence, en délaissant le témoignage des sens, et ainsi à s'élever à l'intelligible.

conduire à ce que nous disons[1] et celles qui ne le sont pas. Les examinant en même temps de ton côté, accorde ou refuse ton assentiment, pour que nous voyions aussi plus clairement s'il en est bien comme je le pressens.

G. – Explique-toi.

S. – Eh bien, si tu y fais attention, parmi les objets qui occasionnent nos sensations, il y a ceux qui n'incitent pas [b] l'intelligence à la réflexion, parce que la sensation suffit à les discerner, et il y a ceux qui l'encouragent à réfléchir, quand la sensation ne fournit aucune donnée saine.

G. – Tu parles sans doute des objets qui sont vus de loin et des dessins en perspective[2] ?

S. – Tu n'as pas du tout trouvé ce que je veux dire[3].

G. – Que veux-tu dire alors ?

S. – Les objets qui n'invitent pas à la réflexion sont ceux qui ne produisent pas [c] en même temps deux sensations contraires. Je considère comme invitant à la réflexion ceux qui produisent des sensations contraires, lorsque la sensation ne révèle pas qu'il s'agit de telle chose plutôt que d'une autre – que l'impression reçue vienne de près ou de loin. Et pour que ce soit plus clair, voici trois doigts : le pouce, l'index, le majeur.

G. – Bien.

S. – Admets que je les dise vus de près. Or remarque avec moi ceci.

G. – Quoi donc ?

S. – Chacun d'eux apparaît comme étant également un doigt. [d] Et peu importe, à cet égard, qu'on le voie au milieu ou à l'extrémité, blanc ou noir, gros ou mince, etc. Dans tous ces cas, l'âme n'est pas obligée de demander à l'intelligence ce qu'est un doigt ; car jamais la vue ne lui a témoigné en même temps qu'un doigt fût autre chose qu'un doigt[4].

G. – Non en effet.

S. – Il est donc vraisemblable qu'une telle sensation n'est pas propice à éveiller ni à [e] stimuler la réflexion.

G. – C'est vraisemblable.

S. – Mais quoi ? La grandeur ou la petitesse de ces doigts, la vue les perçoit-elle convenablement ? Et lui est-il indifférent que l'un d'eux se trouve au milieu ou à l'extrémité ? De même, l'épaisseur ou la finesse, la mol-

1. À l'intelligence (voir note 3, p. 54).

2. Il y a des objets au sujet desquels on ne peut se fier à nos sens. Glaucon pense évidemment aux illusions traditionnelles des sens : illusion de percevoir une perspective dans un dessin, illusion qu'une tour carrée vue de loin est ronde ou qu'un grand objet vu de loin est petit, etc.

3. Socrate veut parler non pas des objets qui nous apparaissent nécessairement autres qu'ils ne sont (en raison d'une illusion d'optique, par exemple lorsqu'un bâton droit paraît toujours courbe dans l'eau), mais des mêmes objets qui nous apparaissent tantôt tels (grands, rugueux…) tantôt autrement (petits, lisses…).

4. La vue peut faire croire que le doigt que l'on voit n'est pas un doigt, mais quelque chose de ressemblant, comme lorsqu'il est vu de loin. Mais s'il est vu de près et que c'est bien un doigt qu'elle nous fait percevoir, que ce doigt soit petit, grand, noir, blanc, elle ne nous fait pas croire qu'un doigt n'est pas un doigt. Le problème soulevé par Platon n'est pas celui des erreurs de perception dues aux illusions des sens que signalait Glaucon, familières et *aisément corrigibles* ; il s'agit des ambiguïtés *inévitables* du témoignage des sens : la même chose peut paraître différente à deux observateurs différents ou au même observateur selon ses diverses dispositions.

lesse ou la dureté, le toucher, les perçoit-il convenablement ? Les autres sens ne sont-ils pas déficients aussi pour faire de tels discernements ? N'est-ce pas plutôt ainsi que cela se passe pour chaque sens ? D'abord [a] le sens des- 52
tiné à percevoir ce qui est dur est nécessairement destiné à percevoir aussi ce qui est mou et il rapporte à l'âme que l'objet qui l'affecte est en même temps dur et mou ?

G. – En effet.

S. – Par conséquent, n'est-il pas inévitable que l'âme, embarrassée[1] dans de pareils cas, se demande : « Pourquoi cette sensation indique-t-elle la dureté tout en signalant la mollesse dans le même objet ? » Et dans le cas de la sensation de la légèreté ou de la lourdeur : « Qu'est-ce que la légèreté, qu'est-ce que la lourdeur, si elle indique que ce qui est lourd est léger et ce qui est léger est lourd[2] » ?

G. – [b] En effet ces témoignages sont étranges pour l'âme et exigent examen.

S. – Ce n'est donc pas sans raison que l'âme appelle à son secours calcul et intelligence pour essayer d'examiner si chacun de ces témoignages porte sur une seule chose ou deux[3].

G. – Non sans doute.

S. – S'il semble qu'il y en a deux, chacune d'elles ne paraît-elle pas une et distincte ?

G. – Si.

S. – Si chacune d'elles paraît une, et l'une et l'autre deux, est-ce que l'âme ne les concevra pas toutes deux comme séparées ? Car si elle les concevait comme n'étant pas séparées, elle ne concevrait pas deux choses [c] mais une seule ?

G. – Exact.

S. – La vue, disions-nous, percevait la grandeur et le petitesse non comme séparées, mais comme confondues. N'est-ce pas ?

G. – Oui.

S. – Et pour mettre cela au clair, l'intelligence est contrainte de voir la grandeur et la petitesse non plus comme confondues mais comme séparées, à l'encontre de ce que fait la vue.

G. – C'est vrai.

S. – Ainsi c'est de là que vient notre besoin de chercher ce que peuvent être le grand et le petit[4].

G. – Oui.

1. L'embarras est le début de la philosophie. C'est l'embarras de l'âme face aux incertitudes et aux imprécisions du témoignage des sens qui incite l'âme à concevoir, par la seule intelligence, la réalité des choses.

2. Voir **Concepts clés** : le sensible et l'intelligible, p. 83.

3. L'arithmétique ou le calcul interviennent pour distinguer une qualité d'une autre, pour distinguer l'un du deux ou du trois, etc., alors que la sensation peut nous faire percevoir comme *une*, une chose où se confondent deux ou plusieurs qualités.

4. Je juge que cette chose est grande, lourde, belle, alors qu'un autre peut tout aussi bien la juger, petite, légère, laide... Mais si les choses peuvent paraître à la fois grandes et petites, lourdes et légères, belles et laides, qu'est-ce alors que *le* grand, *le* petit, *le* lourd, *le* léger, *le* beau, *le* laid... ? Les mots ne signifient plus rien. Le philosophe va s'efforcer ainsi de penser l'existence du grand, du petit, du lourd, du léger, du beau, du laid..., c'est-à-dire l'Idée de chacune de ces choses. Mais les Idées de grand et de petit ont un rôle privilégié dans la philosophie platonicienne des mathématiques. Voir **Commentaires d'extraits** : Texte 2, p. 105.

S. – Et c'est bien ainsi que nous avons distingué ce qui est sensible et ce qui est intelligible.

G. – [d] Très juste.

S. – Voilà ce que je me proposais de dire : il y a des objets qui sont des stimulants de la réflexion, et d'autres qui ne le sont pas ; les uns, qui tombent sous les sens en laissant des impressions opposées, je les définis comme des stimulants de l'intelligence, les autres, dont ce n'est pas l'effet, comme impropres à éveiller l'intelligence.

G. – Je comprends à présent et je suis de ton avis.

c. L'arithmétique comme stimulant de l'intelligence : aide à concevoir la notion d'unité

S. – Maintenant, le nombre et l'unité, à laquelle de ces deux catégories appartiennent-ils, à ton avis ?

G. – Je n'en ai aucune idée.

S. – Mais juges-en d'après ce qu'on a dit : si la vue, ou quelque autre sens, suffit à saisir [e] l'unité en elle-même, celle-ci ne peut pas nous entraîner vers l'essence, comme nous le disions tout à l'heure à propos du doigt ; mais si dans l'unité on voit toujours en même temps une contradiction au point qu'elle n'apparaît nullement unité plus que multiplicité, alors, l'âme doit se prononcer ; elle est amenée nécessairement à être embarrassée, à chercher, et, mobilisant sa réflexion, à se demander ce que peut être
25 l'unité ; et, ainsi, [a] le problème de la connaissance de l'unité est de ces choses qui conduisent et qui tournent l'âme vers la contemplation de l'être[1].

G. – Assurément la vue de l'unité ne manque pas d'avoir cette propriété, car nous voyons la même chose à la fois une et multiple jusqu'à l'infini.

S. – Si c'est vrai pour l'unité, c'est vrai aussi pour tout nombre.

G. – Inévitablement.

S. – Or la science du calcul et l'arithmétique portent entièrement sur le nombre.

G. – Absolument.

S. – Il est clair qu'elles sont propres à mener [b] à la vérité.

G. – À merveille.

S. – Elles peuvent donc bien être, semble-t-il, de ces sciences que nous cherchons. À l'homme de guerre, l'étude en est indispensable pour savoir disposer une

1. Ce qui caractérise une Idée, c'est son unité, son absence de contradiction, au contraire des choses du monde sensible qui présentent de multiples facettes. L'arithmétique, en distinguant les nombres un, deux, trois, nous aide à concevoir des choses *unes* et parfaitement distinctes les unes des autres.

armée, et au philosophe, échappant au monde du devenir, pour atteindre l'essence ou alors il ne sera jamais expert en calcul.

G. – C'est vrai.

S. – Or il se trouve que notre gardien est à la fois un homme de guerre et un philosophe[1].

G. – Eh oui.

S. – Il conviendrait donc d'en instituer l'enseignement, Glaucon, et de persuader ceux qui sont appelés à prendre part aux plus hautes fonctions dans la cité [c] d'aborder la science du calcul et de s'y appliquer, non pas superficiellement mais jusqu'à ce qu'ils parviennent à la contemplation de la nature du nombre par l'intelligence elle-même : ils s'exerceront au calcul non pour acheter et vendre comme des négociants et des boutiquiers, mais en vue de la guerre, et en vue de faciliter la conversion de l'âme elle-même, du devenir vers l'essence et la vérité.

G. – C'est bien parler.

S. – Eh bien, je songe maintenant, après ce qui a été dit sur cette [d] science des nombres, combien elle est belle et en combien de manières elle est utile à notre dessein pourvu qu'on l'étudie en vue de la connaissance et non en vue de faire du commerce[2].

G. – Et pourquoi ?

S. – C'est ce que je disais à l'instant : elle élève avec force l'âme et la contraint à raisonner sur les nombres eux-mêmes sans jamais souffrir qu'on introduise dans ses raisonnements des nombres qui ont des corps visibles et palpables[3]. Tu sais bien comment sont ceux qui sont de redoutables mathématiciens : [e] si on entreprend dans un raisonnement de diviser l'unité elle-même, ils en rient et ne l'admettent pas ; et si tu la divises, ils la multiplient d'autant, craignant que l'unité n'apparaisse comme n'étant pas une unité mais comme multiplicité de parties[4].

G. – Ce que tu dis est très vrai.

S. – Et, à ton avis, Glaucon, [a] si on leur deman- 52
dait : « Merveilleux savants, de quel nombre parlez-vous ? Où sont ces unités dont vous affirmez l'existence, parfaitement égales entre elles, sans la moindre différence, et qui ne sont point composées de parties ? » que crois-tu qu'ils répondraient ?

G. – Ceci, selon moi : qu'ils parlent de nombres qu'il est seulement possible de concevoir, et qu'on ne peut manier de nulle autre façon.

1. *Gardien* est généralement employé comme synonyme de *guerrier* et de *soldat*. Mais le terme est aussi employé dans un sens plus large : le philosophe, recruté parmi les guerriers, est aussi un gardien de la cité : il veille à l'ordre et au bien de la cité.

2. Voir **Grandes thèses** : Les deux niveaux de l'étude des mathématiques, p. 90.

3. Lorsque je parle de deux, trois ou cent… animaux, plantes, ou morceaux de bois…, il s'agit de corps visibles et palpables nombrés et non des nombres deux, trois, cent… en eux-mêmes. C'est seulement sur des nombres, abstraction faite de ce qu'ils nombrent ou comptent, et en vue de la connaissance de la nature et des propriétés des nombres, que le mathématicien s'intéresse à l'arithmétique.

4. Diviser, fractionner, c'est perdre l'esprit dans l'infini au lieu de l'élever à la notion d'unité et de réalité simple et finie, comme l'est d'abord un nombre pour pouvoir se distinguer d'un autre, et comme l'est – *a fortiori* – une Idée vers laquelle l'arithmétique doit élever l'âme du philosophe. Voir **Commentaires d'extraits** : Texte 2, p. 105.

S. – Tu vois donc, mon cher, que cette science risque de nous être réellement nécessaire, [b] puisqu'il est clair qu'elle oblige l'âme à se servir de la pure intelligence dans la recherche de la vérité elle-même.

G. – Oui, c'est vraiment ce qu'elle fait.

S. – Mais as-tu observé que ceux qui sont doués pour le calcul sont naturellement plus rapides pour pénétrer pour ainsi dire toutes les sciences, et que les esprits lents qui y sont formés et exercés, même s'ils n'en tirent aucun avantage, y gagnent au moins de devenir plus vifs qu'ils ne l'étaient ?

G. – Oui.

S. – [c] Et il serait difficile, je crois, de trouver beaucoup de sciences qui coûtent plus à apprendre et à pratiquer que celle-là[1].

G. – En effet.

S. – Pour toutes ces raisons, il ne faut pas négliger cette science, mais y former les esprits les plus heureusement doués.

G. – Je suis de ton avis.

3. LA GÉOMÉTRIE

S. – Que cette science soit donc admise dans notre enseignement. Une deuxième s'y rattache ; voyons si elle nous convient en quelque manière.

G. – Laquelle ? Tu veux parler de la géométrie ?

S. – De celle-là même.

G. – Dans la mesure où elle a rapport [d] à la guerre, il est clair qu'elle nous convient. Lorsqu'il s'agit d'établir un camp, de s'emparer de places fortes, de concentrer ou de déployer des troupes, et de tout ce qui contribue à l'ordonnance d'une armée dans les combats mêmes ou dans les déplacements, un général diffère d'un autre, selon qu'il est géomètre ou non.

S. – Mais pour cela il suffit d'une part rudimentaire de géométrie et de calcul. [e] Il faut voir si la partie la plus importante de cette science et qui lui donne une portée plus élevée tend au but suivant : faire voir plus facilement l'Idée du bien. Or c'est ce à quoi tend tout ce qui oblige l'âme à se tourner vers le lieu où réside le plus heureux de tous les êtres[2] que l'âme doit avoir vu à tout prix.

G. – C'est juste.

1. L'effort même que coûte l'apprentissage de l'arithmétique est en lui-même formateur. Paresse et mollesse sont ennemies de la vertu d'un guerrier courageux et de la vertu d'un philosophe dans sa quête difficile de la vérité.

2. Le bien. L'expression « le plus heureux des êtres » est habituellement attribuée aux dieux. En effet, les dieux, êtres immortels et parfaits, ne manquent de rien et sont donc pleinement heureux. De même, l'Idée du bien est, parmi les Idées, l'idée la plus divine, la plus parfaite. Sa perfection est telle que, non seulement elle ne manque de rien, mais qu'elle déborde de plénitude. Par sa surabondance, elle est ainsi source des autres Idées et de tout ce qu'il y a de perfection (de bien) dans le monde. À propos du lien entre géométrie et Idée de bien, voir **Concepts clés** : le bien, p. 86.

S. – Donc si elle oblige à contempler l'essence, elle nous convient ; si elle se limite au devenir, elle ne nous convient pas.

G. – Oui.

S. – [a] Et il y a une chose que ceux qui ont la moindre expérience de la géométrie ne nous contesteront pas : à savoir que cette science s'oppose totalement au langage de ceux qui la manient. 52

G. – Comment ?

S. – Ils en parlent de manière tout à fait ridicule et servile ; tout leur langage est celui de praticiens et vise la pratique : ils parlent de carrer, de tendre le long d'une ligne droite[1], d'ajouter une longueur, alors que cette science dans son ensemble [b] est cultivée en vue de la connaissance[2].

G. – Tout à fait.

S. – Il faut aussi convenir de ceci.

G. – De quoi ?

S. – Qu'elle est une connaissance de ce qui est toujours, mais non pas de ce qui à un moment donné naît et meurt.

G. – On en convient aisément, car la géométrie est une connaissance de ce qui est toujours[3].

S. – Elle est susceptible, mon cher, de tirer l'âme vers la vérité et d'amener la pensée du philosophe à s'élever, au lieu de l'abaisser à tort vers les choses d'ici-bas, comme nous le faisons aujourd'hui.

G. – Oui, le plus possible.

S. – [c] Il faut donc s'appliquer le plus possible à ce que les citoyens de notre cité ne s'abstiennent en aucune façon de l'étude de la géométrie. Car elle a aussi d'autres avantages qui ne sont pas négligeables.

G. – Lesquels ?

S. – Ceux que tu as cités et qui concernent la guerre ; et aussi, à l'égard des autres sciences, de permettre de mieux les assimiler. Nous savons bien qu'il y a une différence du tout au tout entre celui qui a étudié la géométrie et celui qui ne l'a pas étudiée.

G. – Du tout au tout, par Zeus.

S. – Voilà donc la seconde science[4] que nous prescrirons à la jeunesse.

G. – Prescrivons-la.

1. Carrer, tendre une ligne droite, ajouter une longueur, sont des actions pratiques et utiles (en matière d'arpentage, d'architecture, etc.).

2. Le géomètre compare des longueurs, des surfaces, des volumes entre eux, non pas en vue d'établir des mesures à des fins pratiques, mais en vue de faire apparaître des relations entre les mesures : par exemple une commensurabilité entre des grandeurs apparemment incommensurables (la diagonale d'un carré et ses côtés, ou plus difficile, la surface d'un cercle et celle d'un carré ou d'un polygone), par exemple des relations structurelles entre des surfaces et des volumes de polyèdres réguliers (comme dans le *Timée*), ou encore la raison de relations de proportion entre des grandeurs.

3. La géométrie fait apparaître, c'est-à-dire donne à voir des relations éternelles d'ordre et d'harmonie, et au-delà d'elles la puissance divine du Bien. Il est dit dans le *Timée* que le Dieu qui a façonné le monde visible, en contemplant les Idées, l'a façonné en géomètre.

4. Dans l'ordre d'apprentissage, mais non dans l'ordre de hiérarchie des sciences.

4. L'ASTRONOMIE ET LA STÉRÉOMÉTRIE

a. L'astronomie

S. – [d] Et maintenant, est-ce que nous prescrirons en troisième lieu l'astronomie ? N'est-ce pas ton avis ?

G. – Si. Car une exacte connaissance des saisons, des mois, des années n'est pas seulement utile à l'agriculture et à la navigation, elle l'est aussi, tout autant, à l'art militaire.

S. – Tu es plaisant. Tu as l'air d'avoir peur que le vulgaire ne trouve que tu lui prescrives des études inutiles. Or voici qui n'est pas négligeable, bien qu'il soit difficile de le croire : les études astronomiques purifient et raniment en chacun de nous un organe de l'âme [e] éteint et aveuglé par les autres occupations, et dont la conservation est mille fois plus précieuse que celle des yeux du corps, car c'est par cet organe seul qu'on voit la vérité. Ceux donc qui partagent ton opinion approuveront sans réserve ce que tu dis mais ceux qui ne s'y entendent nullement sur cet aspect de l'astronomie[1] penseront vraisemblablement que tu ne dis rien qui vaille. Ils ne voient pas quelle utilité qui mérite considération on peut tirer de ces études. Vois d'abord auquel des deux types d'auditeurs tu
28 t'adresses ; [a] ou alors, vois si ce n'est ni aux uns ni aux autres mais pour toi-même que tu tiens ce langage, sans envier à quiconque le profit qu'il pourrait en tirer.

G. – C'est ce parti que je prends : c'est pour moi-même surtout que je parle et que je questionne et que je réponds.

S. – Reviens alors en arrière. Car tout à l'heure nous n'avons pas pris la science qui vient à la suite de la géométrie.

G. – Comment cela ?

b. La stéréométrie

S. – Après les surfaces, nous avons considéré les solides en mouvement avant de les considérer en eux-mêmes. [b] L'ordre exige qu'après les figures à deux dimensions nous considérions les figures à trois dimen-

1. Sur l'aspect utilitaire de l'astronomie (puisqu'elle est utile à l'agriculteur et au navigateur) que Glaucon semble seulement avoir en vue, oubliant que l'astronomie peut élever l'âme vers « l'essence ». Voir **Grandes thèses** : Les deux niveaux de l'étude des mathématiques, p. 90.

sions, c'est-à-dire ce qui a trait aux cubes et à tout ce qui a de la profondeur[1].

G. – Oui, mais il semble que l'on n'a pas fait de découverte dans ce domaine.

S. – Pour deux raisons, en effet : la première, qu'aucune cité ne fait assez de cas des recherches dans cette science et qu'on n'y travaille que faiblement parce qu'elles sont pénibles ; la seconde est que ceux qui y travaillent ont besoin d'un guide sans lequel ils ne sauraient rien découvrir, guide qu'il est difficile de trouver et, quand on en trouverait un, dans l'état actuel des choses, ceux qui font ces recherches ont une trop grande idée d'eux-mêmes pour se laisser diriger. [c] Mais si l'État tout entier assumait la direction d'ensemble de ces travaux et en faisait quelque cas, alors, les chercheurs se soumettraient, et les recherches menées d'une façon suivie et soutenue aboutiraient à des découvertes. Aujourd'hui même, alors qu'elles sont déconsidérées et entravées par le vulgaire, et poursuivies par les chercheurs qui ne saisissent pas en quoi elles sont utiles, elles se développent cependant avec force, en dépit de tous les obstacles, grâce au charme qu'elles exercent. [d] Il n'y a rien d'étonnant dès lors à ce qu'elles voient le jour.

G. – Assurément, elles ont ce charme, et un charme supérieur. Mais répète-moi plus clairement ce que tu disais tout à l'heure. Tu mettais bien d'abord la géométrie, la science des surfaces ?

S. – Oui.

G. – Ensuite, juste après, l'astronomie ; puis tu es revenu en arrière.

S. – Dans ma hâte de passer rapidement en revue toutes les sciences, je tarde plutôt qu'autre chose. Juste après la géométrie, vient l'étude des figures en profondeur mais, comme l'état des recherches y est encore ridicule, je l'ai laissée de côté pour parler de l'astronomie, c'est-à-dire du mouvement des corps [e] ayant de la profondeur.

G. – C'est exact.

c. Retour à l'astronomie

S. – Mettons comme quatrième science la science astronomique, en supposant que la science que nous laissons à présent de côté aura sa place quand l'État s'en occupera.

1. La *géométrie* désigne ce que nous appellerons la « géométrie plane » et la *stéréométrie* désigne ce que nous appelons aujourd'hui la « géométrie dans l'espace » qu'avaient commencé d'explorer les mathématiciens grecs. Plus exactement, la stéréométrie n'est autre que la géométrie des solides. L'étude des rapports entre des volumes, et du rapport entre des volumes et des surfaces, a vite intéressé les mathématiciens grecs : un problème d'école connu dès le Vᵉ siècle est celui de la duplication du cube ; on savait obtenir le double de l'aire d'un carré à partir de sa diagonale mais on n'arrivait pas à trouver une solution simple équivalente pour la duplication d'un cube. Le *Timée* se penche par ailleurs sur la géométrie des polyèdres réguliers.

G. – C'est vraisemblable. Tu m'as rudoyé tout à l'heure parce que je faisais un éloge grossier de l'astronomie[1] ; maintenant je vais en faire un qui va dans le sens de
29 ce que tu recherches. [a] Il est clair pour tout le monde qu'elle oblige l'âme à regarder en haut et la mène des choses de la terre à celles du ciel.

S. – Peut-être est-ce clair pour tout le monde, mais pas pour moi. Je n'en juge pas ainsi.

G. – Comment cela ?

S. – Maniée comme elle l'est aujourd'hui par ceux qui l'érigent en philosophie[2], elle ne fait regarder que les choses d'ici-bas.

G. – Que veux-tu dire ?

S. – C'est une idée noble que tu te fais, à part toi, de l'étude des choses d'en haut ! Car j'ai bien peur que, [b] si quelqu'un contemple en levant la tête les ornements d'un plafond et y trouve de quoi s'instruire, tu ne penses qu'il use de son intelligence et non de ses yeux. Mais peut-être est-ce toi qui as raison et moi qui pense comme un sot. Car je ne puis reconnaître de science qui fasse regarder l'âme vers le haut, sinon celle qui a pour objet l'être et l'invisible. Et soit qu'on regarde en haut la bouche ouverte, soit qu'on regarde en bas la bouche fermée pour s'efforcer d'apprendre quelque chose des réalités sensibles, je ne dirai jamais que dans ce cas on s'instruit : car rien de sensible n'est objet de science ; ni non plus [c] que l'âme alors regarde en haut, mais bien en bas, quand même on serait couché à la renverse sur la terre ou sur la mer, pour chercher à s'instruire[3].

G. – J'ai ma punition. Tu as raison de me reprendre. Mais comment disais-tu qu'il fallait étudier l'astronomie, en s'écartant de la méthode actuelle, si l'on voulait l'étudier de manière utile à notre dessein ?

S. – Voici. Ces constellations qui ornent le ciel, brodées dans une matière visible, il faut considérer que c'est ce qu'il y a de plus beau et [d] de plus achevé parmi les réalités visibles ; mais qu'elles sont bien inférieures aux constellations véritables que font mouvoir la vitesse réelle et la réelle lenteur, selon le vrai nombre et les vraies figures, dans leurs mouvements mutuels et dans les mouvements qu'elles impriment aux êtres[4] qu'elles contiennent[5], et qui sont perceptibles par la raison et la réflexion mais non par la vue ; à moins que tu ne penses autrement.

G. – Non, pas du tout.

1. Voir 527*d*, lorsque Glaucon rappelait l'utilité de l'astronomie pour l'agriculture, pour la navigation et, par suite, pour l'art de la guerre.

2. Les pythagoriciens. Pour Platon, l'astronomie n'est qu'une propédeutique à la philosophie. Mais ce n'est pas parce qu'elle porte sur des réalités élevées – le ciel et les astres qui sont divins – qu'elle est la science la plus élevée. Car le ciel et les astres, ce sont encore des réalités visibles sensibles, inférieures aux réalités du monde intelligible. Voir **Concepts clés** : les mathématiques : leur portée cosmologique et philosophique, p. 85.

3. Une chose est de regarder en haut au sens propre, physique, du terme : regarder le ciel ; une autre, de regarder en haut, au sens figuré, spirituel, du terme : contempler les Idées du monde intelligible.

4. Les astres qui se trouvent dans les constellations.

5. Platon pose donc l'existence d'un ciel, de constellations et d'astres intelligibles, plus véritables que ceux que l'on voit, mus par les Idées de vitesse, de lenteur, de nombre, de figure.

S. – Il faut donc se servir du décor varié de notre ciel comme d'exemples utiles à la connaissance de ces choses supérieures : c'est comme si on trouvait des dessins superbement tracés et travaillés par Dédale ou par [e] un autre peintre ou sculpteur : un géomètre, en les voyant, penserait que ce sont de très beaux ouvrages pour l'exécution, mais qu'il serait ridicule de les étudier sérieusement pour y saisir la vérité de rapports d'égalité, du double [a] ou de toute autre proportion. *53*

G. – Oui, ce serait ridicule.

S. – Ne crois-tu pas que celui qui est un véritable astronome éprouvera le même sentiment en considérant les mouvements des astres et qu'il pensera que toute la beauté qu'il est possible de mettre dans de tels ouvrages, l'ouvrier du ciel[1] l'a mise dans le ciel lui-même et dans les astres qu'il renferme ; quant aux rapports du jour avec la nuit, et du jour et de la nuit avec les mois, et du mois avec l'année, et des autres astres avec le soleil et la lune[2], [b] et entre eux, ne trouvera-t-il pas absurde que l'on pense que ce sont toujours les mêmes et qu'ils ne subissent jamais aucun changement, alors qu'il s'agit de choses corporelles et visibles, et ne s'étonnera-t-il pas qu'on cherche, par tous les moyens, à saisir la vérité de ces rapports[3] ?

G. – C'est ce que je crois, du moins en t'écoutant maintenant.

S. – Nous étudierons l'astronomie, tout comme la géométrie, en posant des problèmes ; nous laisserons là le ciel et ses phénomènes, si nous voulons [c] vraiment nous atteler à l'astronomie et rendre utile la partie intelligente de notre âme, d'inutile qu'elle était[4].

G. – Tu imposes aux astronomes une tâche considérablement plus compliquée que celle qui est la leur aujourd'hui !

S. – Je pense que nous imposerons la même méthode aux autres sciences, si nous devons avoir quelque utilité comme législateurs.

5. LA SCIENCE DE L'HARMONIE

S. – Mais peux-tu me rappeler encore quelqu'une des sciences qui conviennent à notre dessein ?

G. – Non, pas sur le champ, comme cela.

S. – Cependant le mouvement ne présente pas une forme, mais plusieurs, si je ne me trompe. [d] N'im-

1. Platon, dans le *Timée,* imagine aussi un démiurge qui a créé le monde en essayant de reproduire le mieux possible le modèle d'un monde divin intelligible.

2. Le texte dit : « le rapport des autres astres avec *ceux-là* », sous-entendu « avec ces astres qui déterminent les rapports du jour et de la nuit » et, de façon générale, la mesure du temps : il ne peut s'agir que du soleil et de la lune.

3. Le semblant de régularité et d'ordre qu'on peut déceler dans le ciel, n'est que l'image de la régularité et de l'ordre parfaits existant dans un ciel intelligible, exactement comme les figures géométriques, nécessairement imparfaites, sont l'image de réalités géométriques parfaites conçues seulement par l'intelligence.

4. L'astronomie ne doit pas être une science d'observation, mais les phénomènes observés doivent fournir l'occasion de poser des problèmes, c'est-à-dire de construire des modèles mathématiques : c'est ainsi, par exemple, que l'on rendait compte de l'irrégularité du cours des planètes autour de la terre placée au centre du monde : on s'efforçait de faire du mouvement apparent des planètes la résultante de plusieurs mouvements réguliers, circulaires et parfaits.

porte quel savant arrivera à les énumérer toutes ; mais il y en a, même pour nous, deux qui sont patentes.

G. – Lesquelles donc ?

S. – Outre le mouvement astronomique, il y a son corollaire.

G. – Lequel ?

S. – Il semblerait bien que les yeux ont été établis pour l'astronomie, l'oreille pour le mouvement harmonique[1], et que ces deux sciences – astronomie et harmonie – sont sœurs l'une de l'autre, ainsi que l'affirment les pythagoriciens[2] et que nous-mêmes aussi, nous en convenons, n'est-ce pas Glaucon ?

G. – Oui.

S. – [e] Ainsi, puisque le sujet est d'importance, nous nous enquerrons auprès d'eux de leurs conceptions sur ces matières et, s'il y a lieu, sur d'autres encore. Mais tout au long de ces recherches, nous observerons notre principe.

G. – Quel principe ?

S. – De veiller à ce que ceux que nous élèverons n'entreprennent point d'études qui soient inachevées et n'aboutissent pas au résultat auquel doivent aboutir toutes leurs études : comme nous le disions à l'instant à propos de l'astronomie. Ne sais-tu pas qu'ils se comportent à l'égard de l'harmonie d'une manière à peine différente ? [a] Ils mesurent les uns par rapport aux autres les
31 accords et les sons qu'ils entendent : travail sans fin comme celui des astronomes.

G. – Et ridicule, par les dieux ! Ils donnent des noms à des sons quasi indistincts, ils tendent l'oreille, comme s'ils écoutaient aux aguets à la porte des voisins ; les uns prétendent distinguer encore, entre ces sons, un son intermédiaire qui serait le plus petit intervalle de ton dont il faudrait se servir comme mesure de référence ; les autres, soutenant que non, prétendent qu'il est semblable aux sons précédents ; mais les uns comme les autres font passer l'oreille [b] avant l'esprit[3].

S. – Tu parles de ces braves musiciens[4] qui tracassent les cordes, les mettent à la torture en les faisant tourner sur les chevilles de l'instrument. Pour ne pas prolonger la description, je te fais grâce des coups d'archet qu'ils donnent, des reproches qu'ils adressent aux cordes pour les sons qu'elles refusent de produire ou laissent échapper insolemment. Je ne parle pas de ces musiciens

1. *Mouvement harmonique* : déplacement des notes de la gamme entre le grave et l'aigu.

2. Voir **documents**, pp. 123-126.

3. Aujourd'hui, le mot « harmonie » signifie : « science des accords, de l'accompagnement, de la polyphonie » en général. Dans l'Antiquité, il définit la disposition des sons à l'intérieur de la gamme qu'on sait, depuis Pythagore, être ordonnée mathématiquement : le rapport de l'octave est de 2/1 de la quinte, de 3/2 de la quarte, de 4/3 du ton, de 9/8. Le rapport du demi-ton était de 256/243 selon Platon – entre autres. La question mathématique du plus petit écart différentiel entre deux notes (demi-ton diatonique, demi-ton chromatique, ou quart de ton….) pouvait donner lieu à de savants calculs mathématiques. Mais il était ridicule, pour Platon, de chercher à l'oreille ce plus petit écart perceptible de référence – question pratique du praticien d'un instrument, méprisable au regard du mathématicien pur.

4. Il y a un quiproquo : Glaucon a cru que Socrate parlait des musiciens de métier qui s'efforcent d'obtenir sur leurs instruments des intervalles de notes qui soient satisfaisants ou « justes » à l'oreille (voir 530*e*), alors que Socrate parlait des pythagoriciens comme théoriciens de la musique.

mais de ceux que nous nous proposions justement d'interroger sur l'harmonie[1]. [c] Car ils font la même chose que les astronomes : ils cherchent, en effet, les nombres dans les accords perçus, mais ne vont pas jusqu'à poser des problèmes comme d'examiner quels nombres sont consonants et quels autres ne le sont pas, et pour quelle raison l'un et l'autre.

G. – Tu parles là d'un travail divin.

S. – Et utile à la recherche du bien et du beau, inutile si on s'y livre dans un esprit différent.

G. – C'est vraisemblable.

6. LA DIALECTIQUE

a. La dialectique et les autres sciences

S. – Je pense que l'étude de toutes ces sciences que nous avons passées en revue, [d] si elle en vient à ce qui les unit et les apparente, et si elle raisonne sur ce qui leur confère leurs affinités, je pense que cette étude alors mène à l'un des buts que nous nous proposons et qu'il vaut la peine de s'y consacrer ; autrement c'est inutile[2].

G. – J'en augure comme toi. Mais c'est un travail considérable dont tu parles là.

S. – Il s'agit d'un prélude. Que veux-tu dire ? Ne savons-nous pas que toutes ces sciences ne sont que le prélude de l'air qu'il faut apprendre ? Car tu ne penses pas, à ce que je sache, que ceux qui se distinguent dans ces sciences [e] soient des dialecticiens ?

G. – Non, par Zeus, à l'exception de quelques-uns : je n'en ai pas rencontré beaucoup.

S. – Mais si l'on n'est pas en état de donner ou de recevoir des arguments[3], crois-tu qu'on puisse jamais rien savoir de ce que nous affirmons qu'il faut savoir[4] ?

G. – Je ne le crois pas.

S. – [a] Dès lors, Glaucon, n'est-ce pas cet air-là 53
que l'on exécute dans la pratique du dialogue ? Bien qu'il soit conçu par l'intelligence, on peut en avoir une image dans la faculté de la vue qui essaie d'abord, comme nous l'avons dit, de porter ses regards sur les êtres vivants, puis sur les astres, puis en direction du soleil lui-même. De même on essaie, dans la pratique du dialogue, sans aucune intervention des sens, par la raison[5], de s'élancer vers l'essence de chaque chose, et l'on n'a de cesse que

1. Des pythagoriciens qui eurent le mérite d'étudier mathématiquement les rapports sonores. Mais les pythagoriciens s'attacheraient eux-mêmes à des considérations purement acoustiques, au lieu de s'élever à la considération purement intellectuelle des rapports numériques que suggère l'étude de la gamme.

2. Voir *République*, livre V (475*b*) : « Nous dirons du philosophe qu'il désire non pas telle partie de la science, à l'exclusion du reste, mais toute la science. »

3. Il manque aux arithméticiens, géomètres, astronomes, théoriciens de la musique, non pas l'art de raisonner dans le cadre des raisonnements propres à leurs disciplines, mais celui de rendre raison des arguments que l'on avance ou que l'on entend dans une discussion sur toutes choses. Le philosophe est celui qui possède cet art de la discussion qu'est la dialectique, en vue d'accéder à la science totale de ce qui est.

4. Le bien. Le philosophe, visant la vérité dans sa totalité, doit s'élever au-dessus des hypothèses particulières exigées par les démarches des diverses sciences, pour s'élever au principe anhypothétique de tout ce qui est : le bien.

5. Voir **Grandes thèses** : Mathématiques et dialectique, p. 92.

[b] l'on n'ait saisi par l'intelligence l'essence du bien lui-même et que l'on ne soit parvenu au terme du monde intelligible, comme celui-là qui, voyant le soleil, parvenait au terme du monde sensible.

G. – Parfaitement.

S. – Eh bien, n'appelles-tu pas cette démarche : dialectique ?

G. – Soit.

S. – Le prisonnier de la caverne délivré de ses chaînes, qui laisse les ombres pour se tourner vers les figurines et la lumière ; sa montée hors de la caverne vers le soleil ; son impuissance à porter ses regards sur les animaux, les plantes, la lumière du soleil, qui l'oblige à contempler [c] d'abord leurs images sur les eaux et leurs ombres, images divines et ombres d'êtres réels, et non plus ombres des figurines projetées par cette autre lumière[1] qui n'est elle-même que l'image du soleil, voilà les effets de l'étude de toutes ces disciplines que nous avons passées en revue : elle élève la partie la meilleure de l'âme vers la contemplation du plus excellent de tous les êtres[2], comme, dans notre comparaison de tout à l'heure, le plus perçant des organes du corps s'élève à la contemplation de ce qu'il y a de plus lumineux dans le monde matériel [d] et visible[3].

G. – J'admets pour ma part ce que tu dis. Mais il me semble que ce sont des choses bien difficiles à admettre et, d'un autre côté, qu'il est difficile de ne pas les admettre. Cependant comme ce n'est pas seulement aujourd'hui que nous devons en entendre parler, mais qu'il faudra souvent y revenir dans la suite, je suppose qu'il en est comme tu dis ; abordons l'air lui-même pour l'étudier avec autant de soin que le prélude. Dis-moi alors d'où vient l'efficacité de la dialectique, [e] en combien de parties elle se divise et quels sont les chemins qu'elle suit ? Car il faut bien que ces chemins conduisent le voyageur au terme où il trouve le repos et une fin à sa course.

S. – Là, mon cher Glaucon, tu ne serais plus
533 capable [a] de me suivre. Car, en ce qui me concerne, l'ardeur ne me manquerait nullement[4]. Ce n'est plus l'image du bien que tu verrais mais le vrai bien lui-même, ou du moins ce qui me paraît tel ; et qu'il soit réellement tel ou non, il n'y a pas lieu d'en découdre sur ce point, mais on doit affirmer que c'est quelque chose d'approchant[5], n'est-ce pas ?

1. Celle du feu qui est dans la caverne.

2. Le bien.

3. Le soleil.

4. Socrate est présenté par Platon comme un infatigable meneur de discussion, comme un inlassable dialecticien à la quête du vrai. Il n'y a pas de repos pour le philosophe dans sa quête de la vérité, de l'absolu, contrairement à ce qu'affirme Glaucon. Le terme du voyage est quasi inaccessible.

5. Il est difficile de contempler le bien tel qu'il est en lui-même ; la richesse de l'Idée de bien (de Dieu) est telle qu'elle est inépuisable et qu'elle éblouit l'âme qui parvient à l'apercevoir, au point de la rendre incapable de jamais la discerner parfaitement.

G. – Oui.

S. – Il n'y a que la dialectique qui ait le pouvoir de le révéler à un homme exercé aux sciences que nous avons parcourues, et ce n'est nullement possible autrement.

G. – Et cela mérite d'être affirmé avec vigueur.

S. – Il y a ceci, en tout cas, que personne [b] ne nous contestera : il n'y a pas d'autre méthode de recherche que la dialectique qui n'entreprenne de saisir méthodiquement, à propos de tout, l'essence de chaque chose. Les autres techniques, elles, ne s'occupent que des opinions des hommes et de leurs désirs, ou bien ne sont entretenues qu'en vue de la production d'êtres naturels ou de la fabrication d'objets artificiels, et du soin des uns et des autres. Quant à celles dont nous avons dit qu'elles saisissaient quelque chose de l'être, comme la géométrie et les techniques [c] qui s'y rattachent, nous voyons que leur connaissance de l'être ressemble à un rêve et qu'elles sont incapables de le faire voir avec la clarté de l'état de veille, tant qu'elles laissent intactes les hypothèses dont elles se servent, faute de pouvoir en donner raison. En partant d'un principe qu'on ne connaît pas, en enchaînant les propositions intermédiaires et la conclusion à partir de ce que l'on ne connaît pas, par quel stratagème fera-t-on jamais d'un tel arrangement une science[1] ?

G. – Aucun.

b. Les divers degrés de connaissance et la connaissance du bien

S. – La démarche dialectique est la seule qui, réfutant les hypothèses admises, s'élève jusqu'au principe pour trouver un fondement sûr ; [d] c'est elle, en réalité, qui tire doucement et dirige vers le haut l'œil de l'âme plongé dans un grossier bourbier, avec le concours et l'aide des techniques que nous avons passées en revue et que nous avons appelées *sciences* pour nous conformer à l'usage ; mais il leur faudrait une autre appellation qui suggère plus de clarté que celle d'opinion et plus d'obscurité que celle de science ; nous l'avons définie plus haut comme *connaissance raisonnante*[2]. Mais il ne s'agit pas, je pense, de disputer du nom quand nous avons à examiner [e] des sujets aussi importants que ceux qui se présentent à nous.

1. Texte essentiel qui montre ce qui, pour Platon, distingue la philosophie des sciences mathématiques. La philosophie ne saurait se reposer sur des principes seulement reçus ; elle doit rendre raison de ce qu'elle affirme ; elle ne se contente pas de vérités relatives à des hypothèses de départ comme le fait le mathématicien : il s'agit pour elle de savoir sur quoi reposent ces hypothèses. La question, loin d'avoir été abandonnée dans la philosophie moderne, a été reprise par Leibniz par exemple et, surtout, elle a été renouvelée par les logiciens et mathématiciens à la fin du XIXe siècle et au XXe siècle (Frege, Russell, Hilbert…) qui ont cherché à donner au moins un fondement intégralement logique aux mathématiques, à défaut de leur donner un fondement ontologique (c'est-à-dire un fondement dans l'être) comme l'espérait Platon. Voir **Grandes thèses** : Mathématiques et dialectique, p. 92.

2. Fin du livre VI. Voir **Commentaires d'extraits** : Texte 1, p. 100. L'expression *connaissance raisonnante* (en grec, *dianoia*) correspond à la connaissance mathématique, et le terme de *science* (ou *noèsis*) correspond à la connaissance dialectique. *Dianoia* signifie d'abord « réflexion, opération de l'intelligence, construction de l'intelligence *en vue de* la science », et non la *science* proprement dite.

G. – Non, en effet, ce que le mot révèle seulement avec clarté dans notre situation, c'est ce qu'il dit à l'âme[1].

S. – Il suffit donc, comme on l'a fait auparavant, d'appeler la première division de la connaissance :
534 *science* ; la seconde : *connaissance raisonnante* ; [a] la troisième : *croyance* ; la quatrième : *imagination* ; les deux dernières : *opinion* ; les deux premières : *intelligence.* L'opinion porte sur le devenir, l'intelligence sur l'essence[2] ; et ce qu'est l'essence au devenir, l'intelligence l'est à l'opinion ; et ce qu'est l'intelligence à l'opinion, la science l'est à la croyance et la connaissance raisonnante à l'imagination[3].

Pour ce qui est de l'analogie entre les degrés de connaissance que l'on a ainsi désignés, et de la manière dont les deux – le monde de l'opinion et le monde intelligible – se divisent, laissons ces questions pour ne pas nous perdre dans des discussions bien plus longues que celles dont nous sommes sortis.

G. – [b] Je suis de ton avis ainsi que pour toutes les autres choses que tu as dites, autant que je puis te suivre.

S. – N'appelles-tu pas *dialecticien* celui qui rend raison de l'essence de chaque chose ? Ne diras-tu pas de celui qui n'y parvient pas qu'il a d'autant moins l'intelligence d'une chose qu'il peut moins en rendre raison à lui-même et à autrui ?

G. – Comment pourrais-je dire qu'il l'a ?

S. – Il en est de même à l'égard du bien. Qu'un homme ne puisse pas définir l'Idée du bien en la séparant de toutes les autres, qu'il ne sache pas, [c] tel un homme engagé dans une lutte, se frayer un passage à travers toutes les objections, et si, tout en désirant ardemment en montrer la vraie nature (non d'après l'opinion, mais d'après ce qui est), il ne traverse pas tous ces obstacles avec une logique infaillible, ne diras-tu pas à propos d'un tel homme : il ne connaît ni le bien lui-même, ni aucun autre bien ; s'il atteint quelque image du bien ce n'est pas par la science, mais par l'opinion qu'il l'atteint ; sa vie n'est en réalité que rêve et somnolence et plutôt que de se réveiller jamais en ce monde, [d] il descendra auparavant aux enfers pour y dormir d'un sommeil parfait[4] ?

G. – Par Zeus, j'affirmerai tout cela avec force.

1. Texte corrompu.

2. Sur tout ce passage, voir **Problématiques essentielles** : L'apprentissage de la philosophie passe par les mathématiques et la dialectique, p. 33 et **Commentaires d'extraits** : Texte 1, p. 100.

3. Voir **Concepts clés** : la dialectique, p. 82.

4. Thème du rêve qui revient fréquemment. Voir plus haut et livre V (476 *c*) : « Si un homme reconnaît qu'il y a de belles choses mais ne croit pas à l'existence de la beauté en soi [...], crois-tu qu'il vive réellement ou que sa vie soit un rêve ? Prends garde à ce que c'est que rêver. N'est-ce pas soit en dormant, soit en veillant, prendre un objet qui ressemble à un autre, non point pour l'image de cet objet mais pour l'objet lui-même ? » Voir Pascal : « La vie est un songe un peu moins inconstant [que le songe lui-même] », en particulier la vie de l'homme sans Dieu. Voir **Problématiques essentielles** : La philosophie doit s'élever à la connaissance du bien, p. 32.

1. Comme la diagonale d'un carré ou l'hypoténuse d'un triangle rectangle. Voir **Commentaires d'extraits** : Texte 2, p. 105. En grec *irrationnels* se dit *alogoi* ; de même, ceux qui ne savent pas mener une discussion dialectique sont dépourvus de raison et dits *alogoi*.

S. – Mais si, un jour, ceux que tu formes et éduques maintenant en paroles, tu avais à les former effectivement, tu ne leur permettrais pas, tant qu'ils sont comme les lignes irrationnelles en géométrie[1], d'être dans la cité les dirigeants suprêmes des affaires les plus importantes.

G. – Non.

S. – Tu leur prescriras donc de s'appliquer surtout à cette étude qui doit les rendre capables d'interroger et de répondre avec le plus de science possible.

G. – [e] Je le prescrirai avec toi.

S. – Es-tu d'avis que pour nous la dialectique se place au sommet, comme la clef de voûte des sciences, qu'il n'est aucune science que l'on soit en droit de mettre au-dessus, et qu'elle ferme la série des sciences à étudier ?

G. – [a] Oui. *535*

III. SÉLECTION ET FORMATION PROGRESSIVES DES PHILOSOPHES

1. CHOIX DES PHILOSOPHES-MAGISTRATS

S. – Il te reste le problème de la répartition de ces études : à qui en ferons-nous part et de quelle manière ?

G. – C'est évident.

S. – Te rappelles-tu quels dirigeants nous avons choisis initialement ?

G. – Comment ne me le rappellerais-je pas ?

S. – C'est bien vrai qu'à tous égards, c'est ces natures-là qu'il faut choisir : il faut prendre de préférence les plus fermes et les plus courageux et, dans la mesure du possible, les plus beaux ; mais il faut en outre chercher, [b] non seulement des natures nobles et viriles, mais aussi des dispositions appropriées à l'éducation que nous voulons leur donner[2].

G. – Quelles sont ces dispositions ?

S. – Une nécessaire âpreté à l'étude et de la facilité à apprendre ; car les âmes sont bien plus effrayées par les fortes études que par les exercices de gymnastique ; parce que la peine n'y est que pour elles et qu'elle n'est point partagée par le corps.

2. Il leur faut des qualités corporelles (vigueur physique, beauté), des qualités de cœur (courage, fermeté), qui en font d'abord de bons guerriers ; il leur faut en outre les qualités intellectuelles que requiert l'étude de la philosophie et dont il va être question.

G. – C'est vrai.

S. – [c] Il faut donc chercher des sujets qui aient aussi de la mémoire et qui aiment l'effort sous toutes ses formes ; autrement, comment crois-tu que l'un d'eux voudrait endurer les exercices du corps tout en s'acquittant de telles études et du travail qu'elles exigent ?

G. – Personne, à moins d'être le plus heureusement doué.

S. – L'erreur aujourd'hui, et qui est la raison du discrédit dans lequel est tombée la philosophie, est, comme je l'ai dit, que l'on s'attache à elle sans en être digne ; ne devraient s'y attacher que des naturels nobles et non des bâtards[1].

G. – Comment cela ?

S. – D'abord, [d] il ne faut pas que celui qui s'y attache « boite » au travail, l'aimant pour une moitié, rebuté par l'autre – ce qui arrive lorsque l'on est plein d'ardeur pour la gymnastique, la chasse, et qu'on s'adonne volontiers à toutes sortes d'exercices du corps, mais qu'on n'a pas de goût pour l'étude, la conversation, la recherche, et qu'on a au contraire de l'aversion pour tout cela. Mais c'est aussi un boiteux, celui dont l'amour du travail ne se porte que du côté opposé.

G. – Rien de plus vrai.

S. – À l'égard de la vérité, ne mettrons-nous pas encore au rang des âmes estropiées, [e] celles qui, alors qu'elles détestent le mensonge volontaire, le supportent difficilement chez elles-mêmes et s'en indignent chez les autres, s'accommodent aisément du mensonge involontaire et ne s'indignent pas d'être accusées d'ignorance, mais se complaisent dans cette ignorance comme un pourceau dans sa fange[2] ?

536 **G.** – [a] Tout à fait.

S. – Pour ce qui est de la tempérance, du courage, de la grandeur d'âme et de toutes les parties de la vertu, il faut repérer avec non moins de vigilance le naturel bâtard et le naturel noble. Faute de pouvoir discerner de tels naturels, les particuliers et les États s'en remettent aveuglément à des boiteux et des bâtards – quand ils ont affaire à l'une de ces qualités –, soit comme amis pour les premiers, soit comme dirigeants pour les seconds.

G. – Il en est bien ainsi.

S. – Il faut se préserver de tout risque de ce genre. [b] Si nous dispensons notre éducation en n'appe-

1. Vocabulaire d'une pensée aristocratique : il y a des natures qui, par la naissance, sont meilleures que d'autres, c'est-à-dire plus favorisées de corps et d'esprit.

2. Le *mensonge volontaire* suppose que l'on connaisse le vrai pour pouvoir tromper sciemment autrui ; le *mensonge involontaire* suppose que l'on trompe autrui et soi-même sans le savoir parce que l'on ignore le vrai et donc que ce que l'on dit est faux. Ce qui caractérise l'ignorance de l'opinion, c'est qu'elle s'ignore ignorante, alors que la sagesse consiste, comme l'enseignait Socrate, à se savoir d'abord ignorant.

lant à des études et des exercices de cette importance que des sujets bien conformés corps et âme[1], la justice elle-même n'aura pas de reproche à nous faire et nous assurerons le maintien de la cité et de sa constitution, mais si ce sont d'autres sujets que nous dirigeons vers ces études, nous aurons le résultat contraire et nous couvrirons davantage encore la philosophie de ridicule[2].

G. – Ce serait une honte.

S. – Tout à fait. Mais j'ai l'impression de me mettre moi aussi, en ce moment-ci, dans une situation ridicule.

G. – En quoi ?

S. – J'ai oublié [c] que tout ceci n'est que jeu et je parle avec trop de véhémence. C'est que tout en parlant j'ai jeté un regard sur la philosophie et en la voyant injustement traitée je me suis indigné, quasi abandonné à la colère contre ceux qui sont responsables de ce discrédit, et je crois bien avoir parlé avec trop de sérieux[3].

G. – Non par Zeus, pas pour moi qui t'écoute.

S. – Pour moi qui te parle, si.

2. ÉTAPES SUCCESSIVES DE LA SÉLECTION ET DE LA FORMATION DU PHILOSOPHE

S. – Mais n'oublions pas ceci : que notre choix, pour commencer, portait sur des personnes âgées[4] et qu'ici un pareil choix ne serait pas de mise. [d] Car il ne faut pas en croire Solon lorsqu'il dit qu'un homme âgé peut apprendre beaucoup de choses ; il en est moins capable que de courir ; non, c'est aux jeunes gens que conviennent les grands et multiples efforts.

G. – Nécessairement.

S. – Dès l'enfance, il faut les confronter au calcul, à la géométrie, à l'instruction préliminaire qui doit précéder la dialectique, sans donner à cet enseignement l'aspect d'un apprentissage contraignant.

G. – Pourquoi donc ?

S. – Parce que [e] l'homme libre ne doit apprendre aucune science avec servilité[5]. Car la pratique forcée des exercices du corps ne fait aucun mal au corps, mais les études forcées n'ont sur l'âme aucun effet durable.

G. – C'est vrai.

S. – N'use donc pas de la force, excellent ami, dans les leçons que tu donnes aux enfants, mais [a] qu'ils 537

1. Sans dons et formation intellectuels, on risque de ne pas faire un usage rigoureux de la dialectique et, sans dons physiques et formation militaire, ainsi que sans qualités morales et formation civique, on ne saurait faire un usage sain de la dialectique (voir 535*a-b*).

2. Le ridicule de la philosophie vient de ce qu'elle ne paraît qu'un simple jeu de disputes gratuites et stériles (qu'enseignaient les sophistes, par exemple), destiné à des jeunes gens oisifs qui se comportent comme des parasites dans la cité et jettent ainsi le discrédit sur la philosophie.

3. Sous l'effet de la passion (à l'encontre de ceux qui discréditent la philosophie).

4. Le choix des futurs philosophes (dont il était question en commençant) s'opère en réalité sur des sujets qui ont déjà atteint l'âge de cinquante ans (voir plus loin, 540*a*).

5. Les mathématiques, comme la dialectique, sont des activités nobles et désintéressées, qui supposent un loisir dont seul homme libre peut disposer. Les tâches corporelles qui reviennent en revanche aux esclaves sont imposées par les nécessités matérielles de la vie. Voir *Lois*, VII, 119.

s'instruisent en jouant afin que tu sois plus à portée de connaître les dispositions naturelles de chacun.

G. – Ce que tu dis est raisonnable.

S. – Te souviens-tu qu'il fallait conduire les enfants à la guerre sur des chevaux pour les faire assister au spectacle du combat, et même, si c'est sans danger, les en approcher et leur faire goûter le sang, comme à de jeunes chiens[1] ?

G. – Je m'en souviens.

S. – Celui qui se montrera le plus habile dans tous ces travaux, études, dangers, il faudra l'admettre dans un groupe à part.

G. – [b] À quel âge ?

S. – Lorsqu'ils abandonnent le cours obligatoire de gymnastique ; car ce temps d'exercice, qui peut être de deux ou trois ans, n'admet pas d'autres occupations ; la fatigue et le sommeil sont ennemis des études, et en même temps c'est un moyen particulier – et non des moindres – d'éprouver la valeur de chacun dans les exercices de gymnastique.

G. – Et comment !

S. – Après ce temps, ceux qui auront été choisis parmi les jeunes de vingt ans obtiendront des distinctions plus grandes que les autres ; [c] les sciences qu'ils auront étudiées en désordre pendant leur enfance, il faudra les leur présenter dans leur ensemble en vue de leur donner une vue synthétique des rapports qui sont entre elles et de la nature de l'être[2].

G. – Seule une telle manière d'assimiler les sciences est durable pour les esprits qui s'en imprègnent.

S. – C'est aussi la meilleure mise à l'épreuve révélant ou non une nature dialecticienne ; qui a l'esprit synthétique est dialecticien, qui ne l'a pas ne l'est pas.

G. – Je suis d'accord.

S. – C'est à quoi tu devras faire attention. [d] Les plus solides dans les études, à la guerre et autres exercices prescrits, quand ils dépasseront la trentième année, tu devras, parmi ceux qui ont déjà été sélectionnés, les choisir pour les élever à de plus hautes distinctions, et pour rechercher, en les mettant à l'épreuve par la vertu du dialogue, qui est capable, en délaissant le secours des yeux ou des autres sens, de parvenir à la connaissance de l'être avec la seule vérité[3]. Là, il s'agit de prendre de grandes précautions.

G. – Pourquoi ?

1. Platon, dans le livre III (416*a-b*), compare les guerriers ou les gardiens à des chiens de garde, et leur formation physique et morale au dressage de chiens de garde : on doit leur apprendre à attaquer les ennemis et à être de fidèles et irréprochables défenseurs de la cité.

2. Voir **Commentaires d'extraits** : Texte 3, pp. 109-110.

3. Avec le seul recours des Idées vraies – et non en s'appuyant sur le témoignage incertain des sens.

3. LES DANGERS D'UNE DIALECTIQUE MAL PRATIQUÉE

1. Voir **Commentaires d'extraits** : Texte 3, pp. 110-112.

S. – Ne remarques-tu pas [e] le mal dont l'étude de la dialectique est atteinte et l'étendue de ce mal[1] ?

G. – Quel mal ?

S. – Elle est déréglée à souhait.

G. – C'est vrai.

S. – Trouves-tu étonnant ce qui arrive à ceux qui la pratiquent, n'ont-ils pas des excuses ?

G. – Comment cela ?

S. – Il leur arrive la même chose qu'à un enfant supposé qui, élevé dans l'opulence, au sein d'une nombreuse et noble famille, [a] au milieu de flatteurs, s'apercevrait, une fois devenu un homme, qu'il n'est pas le fils *538* de ceux qui se disent ses parents, sans pouvoir découvrir ses véritables géniteurs. Peux-tu me dire quels seraient les sentiments qu'il éprouverait à l'égard de ses flatteurs et de ses parents supposés, tant qu'il n'aurait pas eu connaissance de cette supposition, et après qu'il en aurait eu connaissance – ou veux-tu que je te le dise[2] ?

2. Sur le sens de cette comparaison, voir **Commentaires d'extraits** : Texte 3, pp. 112-113.

G. – Je veux bien.

S. – Je te prédis qu'il vénérerait plus ceux qu'il croit être son père, [b] sa mère et ses proches, que ses flatteurs, et qu'il serait moins indifférent à leurs besoins, moins inconvenant dans ses actes et ses paroles et moins désobéissant à leur égard dans les choses essentielles, qu'il ne le serait à l'égard de ses flatteurs tant qu'il ignorerait la vérité.

G. – C'est vraisemblable.

S. – Une fois qu'il s'apercevrait de la réalité des choses, je prédis que son respect et son attention à leur égard se relâcheraient, et augmenteraient en revanche à l'égard de ses flatteurs, et qu'il se soumettrait à eux plus qu'auparavant, [c] qu'il vivrait désormais sous leur tutelle et serait ouvertement dans leur intimité, et qu'il ne se soucierait plus de ceux qui étaient devenus son père et ses proches, à moins d'être d'une excellente nature.

G. – C'est bien cela qui arriverait. Mais comment cette image a-t-elle un rapport avec ceux qui s'intéressent à l'art de la discussion ?

S. – Voici comment : depuis notre enfance nous avons sur le juste et le mal des préceptes sous l'empire desquels nous avons été élevés comme par des parents, et que nous suivons et respectons.

G. – Oui.

S. – [d] Il y a aussi d'autres maximes qui ne tendent qu'au plaisir et qui flattent et séduisent notre âme, mais qui ne persuadent pas des personnes tant soit peu raisonnables, qui honorent au contraire les respectables maximes paternelles et les suivent.

G. – Oui.

S. – Eh bien, quand on vient demander à un homme ainsi disposé : « Qu'est-ce qui est beau[1] ? » et qu'il réponde ce qu'il a appris du législateur, mais qu'on le réfute par la discussion et qu'avec des arguments nombreux et variés on le réduise à croire que ce qui est beau d'après le législateur [e] n'est en rien plus beau que honteux ; et qu'il soit amené à la même opinion au sujet du juste, du bien et de tout ce qu'il avait le plus en respect[2] ; avec cela, penses-tu qu'il portera encore à ces choses respect et obéissance ?

G. – Nécessairement, il n'aura plus le même respect ni la même obéissance.

S. – Quand donc il ne trouvera plus ces choses aussi respectables et familières qu'auparavant et que,
539 d'autre part, il ne reconnaîtra pas ce qui est vrai, à quelle autre conduite [a] se rangera-t-il vraisemblablement, sinon à celle qui le flatte ?

G. – Il ne peut faire autre chose.

S. – Je pense qu'on le verra devenir insoumis d'obéissant qu'il était.

G. – Nécessairement.

S. – N'est-ce donc pas naturel que ceux qui s'adonnent de cette manière à l'art de la discussion en arrivent là, et que leur situation, comme je le disais tout à l'heure, mérite une grande indulgence ?

G. – Et une grande pitié.

4. DERNIÈRES ÉTAPES DE LA FORMATION ET DE LA SÉLECTION DES PHILOSOPHES QUI DEVRONT DIRIGER LA CITÉ

S. – Pour que les hommes de trente ans que tu as choisis ne soient pas exposés à cette pitié, il faut les atteler à la discussion avec toutes les précautions possibles.

G. – Certainement.

1. Le beau a une parenté avec le bien et le vrai. Qu'est-ce qu'il est beau de faire, de suivre, de penser ?

2. La technique sophistiquée de la discussion ou du discours est de faire croire à la fois qu'une chose est vraie et que son contraire l'est aussi. De là certains sophistes déduisirent une philosophie morale sceptique : il n'y a pas de valeurs morales vraies, objectives et universelles. Les valeurs morales sont de pures conventions. Voir **Commentaires d'extraits** : Texte 3, p. 109.

S. – [b] N'est-ce pas déjà une importante précaution que d'empêcher que ceux qui sont jeunes n'y prennent goût ? Car je pense qu'il ne t'a pas échappé que les adolescents, quand ils ont commencé à goûter la discussion, en abusent comme d'un jeu et ne s'en servent qu'en vue de la contradiction ; et à l'exemple de ceux qui les confondent dans la dispute, ils confondent les autres à leur tour, prenant plaisir, comme de jeunes chiens, à harceler sans cesse et à déchirer, avec leurs raisonnements, tous ceux qui les approchent.

G. – Oui, outre mesure !

S. – Après en avoir souvent confondu et avoir été souvent confondus eux-mêmes, [c] ils en arrivent rapidement à ne plus rien croire de ce qu'ils croyaient auparavant. Par là, eux-mêmes et avec eux l'ensemble de la philosophie deviennent, auprès du reste de l'opinion, des objets de calomnie[1].

G. – C'est très vrai.

S. – Dans un âge plus mûr, on ne voudra plus partager une telle frénésie ; mais on imitera celui qui veut discuter pour rechercher la vérité plutôt que celui qui s'amuse à réfuter autrui pour le plaisir de réfuter. On sera soi-même plus mesuré [d] et l'on rendra cette occupation plus digne de considération, au lieu de la déconsidérer.

G. – Exact.

S. – Ainsi tout ce qui a été dit avant, ne l'avons-nous pas dit en vue de prendre des précautions ? À savoir que l'on n'admettra dans l'art de la discussion que des gens par nature posés et stables, et l'on évitera que, comme cela se passe maintenant, le premier venu, et qui n'y est aucunement propre, ne l'aborde.

G. – Tout à fait.

S. – Pour persévérer dans une participation soutenue et assidue à des discussions, à l'exclusion de toute autre occupation, mais d'une manière qui réponde à la formation du corps par la gymnastique, suffira-t-il de deux fois plus d'années que pour celle-ci ?

G. – [e] Tu veux dire quatre ou six ans[2] ?

S. – Peu importe. Mets-en cinq[3]. Après cela il te faudra les faire redescendre dans notre caverne, et les contraindre à exercer des commandements militaires et tous commandements que peuvent assumer des jeunes gens, afin que, pour l'expérience, ils ne le cèdent pas aux

1. Platon nous suggère très bien ce que pouvaient représenter les philosophes, les sophistes et la jeunesse aisée d'Athènes, avides de discours et de discussions, d'argumentations raffinées, auprès du petit peuple athénien dont on connaît le ressentiment contre les philosophes : c'est lui qui a condamné Anaxagore, Protagoras, Socrate, soit à l'exil, soit à mort, sous prétexte d'impiété. Platon veut réconcilier la philosophie et la cité. Pour réconcilier le philosophe et la cité, il faut : 1. qu'on prenne bien soin de distinguer le philosophe du sophiste et que la dialectique ne soit pas galvaudée ; 2. que le philosophe soit à la tête de la cité et fasse profiter celle-ci de sa science.

2 Socrate prescrivait deux à trois ans de gymnastique obligatoire avant l'âge de vingt ans (voir 537*b*).

3. C'est-à-dire entre 30 et 35 ans. En effet, une première sélection s'opère à l'âge de 20 ans, pour présenter les sciences dans leur ensemble et préparer à la dialectique ; une seconde, à l'âge de 30 ans (voir 537*d*) ; au bout de cinq ans de pratique assidue de la dialectique (jusqu'à 35 ans), il faudra encore quinze ans de pratique militaire et d'apprentissage des affaires de la cité. À l'âge de 50 ans, une troisième sélection détermine ceux qui seront alors à la tête de la cité.

autres[1] ; puis les éprouver pour voir s'ils restent fermes
540 malgré les sollicitations qui viennent de toutes parts, [a] ou s'ils se laissent troubler par elles.

G. – Combien de temps prescris-tu pour cela ?

S. – Quinze ans. Il sera temps alors de conduire au terme ceux qui, à cinquante ans, seront sortis indemnes de ces épreuves, et se seront distingués dans leur conduite comme dans les sciences, et de les contraindre à diriger le regard de l'âme vers l'être qui éclaire toutes choses, à voir le bien lui-même et à s'en servir comme d'un modèle pour gouverner, chacun à son tour, la cité et les particuliers et leur propre personne, [b] tout le restant de leur vie ; consacrant à la philosophie une grande partie de leur temps et se chargeant, quand viendra leur tour, du fardeau des tâches politiques et de la direction des affaires en vue du seul bien de la cité, dans la pensée que c'est moins une belle distinction, qu'un devoir indispensable ; c'est ainsi qu'ils formeront des hommes qui leur ressemblent, pour leur laisser la relève de la garde de la cité, avant de s'en aller rejoindre le séjour des Îles bienheureuses[2]. La cité devra alors leur consacrer des monuments et des sacrifices publics, [c] quand la Pythie aura rendu l'oracle favorable, comme s'il s'agissait de divinités, sinon comme à des êtres bienheureux et divins.

G. – Ce sont de magnifiques gouvernants dont le modèle est semblable à celui qu'un sculpteur exécuterait avec une main de maître.

S. – Et de magnifiques gouvernantes ? Car ne pense pas que mes paroles s'appliquent plus aux hommes qu'aux femmes, du moins à celles à qui la nature a donné des aptitudes suffisantes[3].

G. – C'est juste, si elles doivent partager toutes choses sur un pied d'égalité avec les hommes, comme nous l'avons expliqué.

CONCLUSION

S. – [d] Eh bien maintenant, reconnaissez-vous[4] que ce que nous avons dit à propos de la cité et sa construction n'est pas qu'un vœu pieux ? L'exécution en est difficile, mais elle est possible d'une certaine façon, de

1. Si la montée hors de la caverne est difficile et pénible, et exige une progression (une accoutumance à la lumière), la redescente dans la caverne ne l'est pas moins (et demande une réaccoutumance à l'obscurité). Il faut que le philosophe ne paraisse pas ridicule et pitoyable en redescendant du monde des Idées, ni qu'il soit considéré comme un être inutile par les autres. C'est pourquoi il faut que le philosophe reçoive non seulement une formation de l'intelligence, mais une formation physique et militaire pour « ne pas le céder aux autres pour l'expérience ».

2. Séjour paradisiaque des âmes les plus pures après leur mort.

3. Dans la cité modèle de la *République*, les deux sexes sont appelés aux mêmes tâches (guerrier, gouvernant-philosophe), même si, par nature, dans l'ensemble, les femmes sont plus faibles que les hommes. Voir **Problématiques essentielles** : Une cité juste : une cité gouvernée par des philosophes, p. 29.

4. Ce vouvoiement s'explique par le fait que Socrate parle en présence de Glaucon et d'Adimante (deux frères de Platon) ; seul Glaucon est intervenu dans le livre VII.

la façon unique qui a été dite : lorsqu'on verra, dans la cité, venir au pouvoir les vrais philosophes[1] – un ou plusieurs – qui mépriseront les honneurs qu'on brigue aujourd'hui, les jugeant indignes d'un homme libre et dénués de toute valeur, mais faisant le plus grand cas de la rectitude et des honneurs qui en sont la récompense, [e] ainsi que de la justice qu'ils regarderont comme la chose la plus importante et la plus nécessaire ; dévoués à son service et s'appliquant à la faire prévaloir, ils assureront l'ordre de leur cité.

G. – Comment ?

S. – Lorsqu'ils relégueront à la campagne tous ceux qui, dans la cité, auront dépassé l'âge de dix ans, [a] *541* et qu'ayant pris en charge les plus jeunes pour les éloigner des mœurs actuelles, qui sont aussi celles de leurs parents[2], ils les auront élevés dans leurs propres principes et lois, tels que nous les avons exposés[3].

Quand on aura ainsi institué avec la plus grande rapidité et facilité la cité et la constitution que nous avons décrites, cette cité connaîtra le bonheur, et le peuple chez qui elle verra le jour en tirera le plus grand profit.

G. – Certainement. [b] Il me semble que tu as bien expliqué comment elle se réaliserait, si elle se réalisait jamais.

S. – N'en n'avons-nous pas dit assez sur cette cité et l'homme qui lui ressemble ? Il est clair que, lui aussi, il faudra qu'il soit tel que nous le dirons.

G. – C'est clair. Et, pour répondre à ta question, il me semble que notre propos touche à sa fin.

1. La conclusion porte sur la réalisation du projet de cette cité idéale décrite tout au long du dialogue de la *République*. Au Livre VI, il est dit qu'il ne sera réalisable que s'il se trouve un ou plusieurs philosophes qui deviennent les dirigeants d'une cité – à moins que ce ne soit le dirigeant d'une cité qui devienne philosophe.

2. Est-ce qu'on ne peut pas retourner le reproche que Platon formulait plus haut (en 538*a*) à l'égard de ceux qui éloignent les enfants de l'éducation et des valeurs reçues des parents ?

3. La réalisation du projet de cette cité idéale, juste et gouvernée par des philosophes, n'exige-t-elle pas des moyens radicaux qui peuvent être qualifiés de « totalitaires » ? D'une manière générale, n'y a-t-il pas nécessairement un « totalitarisme » de la pensée ou de la théorie (avec toute la violence que ce terme implique) lorsqu'elles se mêlent de régenter l'action ou la pratique politique ? Voir **Problématiques essentielles** : La philosophie et la politique, p. 35.

Paysage près de Delphes.

Dossier

Concepts clés

la dialectique

Comment apprendre à user des mots correctement, c'est-à-dire non pour séduire à la façon des sophistes ou des orateurs politiques, mais pour découvrir la vérité ? Tel est le problème que pose Platon. Tel est le problème de la philosophie.

La philosophie consiste avant tout à chercher à savoir ce que l'on dit, à casser les imprécisions du langage, à briser la coque superficielle des mots pour en extraire le sens, le sens essentiel. Pour ce faire, il convient que la philosophie ait une méthode rigoureuse. Cette méthode, Platon la définit : il s'agit de la dialectique.

Pour comprendre ce que signifie la dialectique platonicienne, il faut se remémorer de quelle manière on concevait la philosophie à Athènes, au Ve siècle av. J.-C.. Après une formation littéraire, musicale – et quelques rudiments de mathématiques –, tout Athénien bien né abordait au moment de l'adolescence la philosophie, c'est-à-dire une étude plus poussée des sciences (mathématiques, astronomie, cosmologie) et, aussi, de tous les problèmes tournant autour de la morale, de la politique, de la religion. À l'origine, *philosophie* signifie « amour » (*philo*) du « savoir » (*sophia*), c'est-à-dire désir gratuit et désintéressé de savoir. Comment étudiait-on la philosophie ? Par la discussion, le *dialogue*. Dialogue vivant entre maîtres et disciples, ou entre jeunes disciples.

Platon veut assainir la discussion philosophique, dont la pratique avait été viciée en particulier par les sophistes et, d'une manière générale, par une mode qui consistait à ramener la philosophie à l'étude des raffinements de l'argumentation dans une discussion, à la quête des raisonnements les plus habiles, à l'art de savoir réfuter n'importe qui sur n'importe quel sujet.

Mais, pour Platon, si la philosophie n'a réellement en vue que la vérité, alors elle exige une méthode du dialogue : la dialectique.

Platon définit la dialectique comme art d'interroger et de répondre. Dans un dialogue philosophique, où la volonté de l'emporter sur l'autre ou de briller par des raisonnements captieux doit s'effacer au profit de la recherche désintéressée du vrai, les questions de l'un doivent forcer l'autre à préciser ses réponses – ses réponses exigeant de nouvelles questions –, cela en vue de supprimer tout malentendu, toute duplicité des termes. En serrant les questions et les réponses, de proche en proche, l'on parvient à éclaircir réellement une question, c'est-à-dire ce que signifie réellement tel mot : savoir *ce qu'est,* par exemple, la justice, ou la vertu, ou la piété, ou la beauté, etc, au lieu de badiner avec ces mots pour poursuivre toutes sortes de raisonnements douteux.

Par la dialectique bien conduite, il est alors possible d'atteindre la *science* de la justice, de la vertu, de la piété, de la beauté, au lieu de se contenter de n'en avoir que de simples opinions : il devient possible d'en saisir l'Idée qui fasse voir *ce que sont* chacune de ces choses, c'est-à-dire leur *essence.* L'essence est encore appelée *eidos* ou *idea*, deux termes signifiant « forme » ou « idée ».

La réflexion de Platon sur le langage s'élargit par la distinction entre un monde de vérités, d'essences, encore appelées *Idées* – immuables, objectives, universelles – objets de science, et un monde d'*apparences* – changeantes, subjectives, incertaines –, objets de l'opinion.

Les Idées, perçues par l'intelligence seule sans le recours de l'expérience sensible, forment le monde intelligible ; les apparences, perçues à travers le témoignage incertain des sens, forment le monde sensible.

le sensible et l'intelligible

Les opinions multiples et contradictoires doivent leur imprécision et leur mobilité au témoignage des sens sur lesquelles elles s'appuient.

Par exemple, lorsque j'émets une opinion sur la beauté d'une chose : je trouve ce visage d'homme ou de femme beau ; je dis qu'il est beau. Pourquoi ? Parce que, peut- être, je suis sensible à certains aspects physiques, forme du visage, couleur des cheveux, des yeux, de la peau... Mais tel qui me plaît, déplaît à autrui, peut-être sensible à d'autres aspects physiques. Si l'opinion est partielle, partiale, superficielle, si elle est également changeante – tel qui me plaît aujourd'hui me déplaira demain –, c'est qu'elle dépend de sensations. Les opinions appartiennent au domaine du *sensible.*

Même chose pour la justice : je crois me forger une opinion libre, personnelle, alors que je me fie à une impression, que je suis *sensible* à tel orateur persuasif ou aux entraînements de la foule.

Mais la beauté ou la justice sauraient-elles se réduire à ce qui me plaît ? En effet, dans ce cas, comment expliquer que tout homme possède un tant soit peu un souci de justice, une capacité de vivre en société – même les brigands, les hors-la-loi sont capables d'agir de concert et de suivre une conduite commune pour commettre leurs méfaits ; et comment, d'autre part, expliquer que l'on puisse s'accorder pour dire que ceci ou cela *est* beau ?

En matière de justice, il est possible de s'élever au-dessus de nos opinions, de comprendre leur étroitesse ou leur partialité ; encore faut-il pour ce faire étouffer nos désirs, nos intérêts, nos passions égoïstes, à savoir le goût des honneurs, de l'argent, de la puissance... qui provient bien du soin que nous accordons à notre corps, à nos sens.

En matière de beauté, la réalité véritable de la beauté ne se révélera pas tant dans le spectacle de beautés sensibles (matérielles, charnelles...) que dans la considération de beautés plus immatérielles qui s'imposent avec plus d'objectivité à mon intelligence : la beauté d'une âme (que même un corps difforme peut cacher), la beauté d'une conduite, d'une pensée, et, au-delà même de ces diverses manifestations de la beauté, l'Idée de beauté.

Les sens constituent donc des entraves à la connaissance des véritables réalités. Ils nous arrêtent au stade d'opinions partielles et précaires, en nous faisant prendre pour vrai ce qui n'est qu'une apparence fragmentaire et fugitive des véritables réalités.

Cependant, ce qui est vrai pour le juste et le beau, est vrai pour *n'importe quelle idée* : l'Idée de grand, de petit ; l'Idée de santé, de maladie ; l'Idée d'homme, d'animal, de cheval, d'arbre ; l'Idée de lit, de table, de toute qualité, de tout objet naturel ou artificiel : en effet, il y a d'une part ce que sont réellement chacune de ces qualités ou de ces choses et il y a d'autre part leurs imitations imparfaites et multiples, perceptibles par l'entremise des *sens.*

Car cette distinction entre un monde sensible et un monde intelligible prend, avec Platon, une dimension cosmologique : comment expliquer la genèse des choses et du monde ? Non pas comme l'entendaient les philosophes présocratiques et la plupart des savants contemporains de Platon, par la combinaison complexe d'éléments matériels simples (du feu, de l'air, de l'eau, de la terre, selon des procédés mécaniques de combustion, d'évaporation, de condensation, de raréfaction, etc.). Chez Platon, les *Idées sont les causes* de tout ce qui existe dans le monde visible.

Autrement dit, toutes les réalités de la nature, de la matière aux astres, en passant par les plantes, les animaux, les hommes, etc., n'existent qu'en tant qu'elles participent de réalités plus parfaites, de réalités idéales. Les Idées sont les causes de tout ce qui existe comme les êtres réels sont causes de leurs ombres et de leurs reflets.

De même qu'un beau corps n'est qu'un reflet faible et fragile de ce que peut être le beau en soi, et une loi juste, une lointaine imitation de ce que peut être le juste en soi, de même, les hommes, les arbres, les chevaux sont les copies imparfaites d'un même modèle d'homme, d'arbre, de cheval, et les tables et les lits que fabrique le menuisier, des copies variables d'un même modèle idéal de table ou de lit.

Ce qui caractérise principalement les réalités intelligibles ou Idées, c'est leur stabilité, leur éternité : leur être. Et ce qui caractérise principalement les réalités sensibles, c'est leur mobilité, leur apparition et leur disparition, leur naissance et leur mort : leur devenir.

L'*être* est objet de *science*, par définition stable et immuable. Le *devenir* est objet d'*opinion*, par définition instable et éphémère.

les mathématiques : leur portée cosmologique et philosophique

Ce qui révèle le mieux l'existence des réalités vraies et cependant non sensibles, ce sont les mathématiques.

En effet, pour peu que je n'applique pas les mathématiques à des calculs purement utilitaires (comptabilité, négoce, architecture, arpentage...) mais que je les cultive pour elles-mêmes, elles me révèlent que ce qui confère à la démarche mathématique sa rectitude et sa vérité, c'est son caractère purement intellectuel, détaché des sens.

En arithmétique, le raisonnement n'a de valeur que dans la mesure où il porte non sur telle unité ou multiplicité sensible (1, 10 ou 1 000 bœufs, ou chevaux...), mais sur des nombres indépendamment de ce qu'ils peuvent compter (1, 2, 3..., 10, 1 000...).

Lorsqu'en géométrie, je raisonne sur une figure, peu importe la figure sensible, visible que je trace. Lorsque j'obtiens le double du carré à partir de la diagonale, cette déduction sera toujours valable quel que soit le carré que je dessine, qu'il soit grand ou petit, qu'il soit déformé ou ressemblant vraiment à un carré : je ne raisonne pas sur le carré représenté, mais sur celui qu'il doit représenter.

De même, il ne saurait y avoir aucun être sensible absolument égal à un autre, aucun bout de bois réellement égal à un autre bout de bois, ni même aucune ligne droite que je dessine vraiment égale à une autre ligne droite : cette égalité parfaite, sur laquelle cependant je raisonne en arithmétique et en géométrie, ne sera jamais aussi parfaite que représentée par mon intelligence.

Ainsi, les mathématiques me révèlent l'existence de réalités vraies non sensibles et qui ne sont vraies que parce qu'elles ne sont pas sensibles. Par les relations rationnelles qu'elles permettent d'établir entre des objets qui n'ont de réalité que pour l'intelligence, elles nous préparent à la vision de l'ensemble du monde intelligible. Elles nous dévoilent ainsi à travers leurs parcours et leurs démarches un monde ordonné, mesuré, hiérarchisé, harmonieux qui nous force à concevoir un monde distinct du monde sensible, supérieur à lui en rectitude et en beauté.

De cette harmonie et de cette ordonnance du monde intelligible, nous saisissons un reflet et une image dans le monde sensible : témoin la régularité et la constance des mouvements des astres que les mathématiques appliquées à l'astronomie permettent de dévoiler. L'astronomie est, avec ou après les mathématiques, la science la plus élevée à laquelle doit s'initier le philosophe, d'autant que les astres sont des dieux : Platon renoue avec une tradition théologique, abandonnée par les philosophes présocratiques, pour lesquels les astres n'étaient faits que de matière (des tubes de feu percés dont les trous nous laissent apercevoir la lumière pour Thalès ; des pierres incandescentes pour Anaxagore...)

On sait que depuis Thalès – qui aurait réussi à prévoir l'éclipse de soleil de 580 av. J.-C. – et surtout depuis Pythagore et les pythagoriciens, jusqu'aux savants contemporains de Platon dont certains (tel Eudoxe) fréquentaient l'Académie, les Grecs ont eu le mérite d'appliquer les mathématiques à l'astronomie[1]. Les pythagoriciens ont également étendu l'application des mathématiques à l'étude de l'intervalle des sons : par exemple, ils ont établi des rapports mathématiques entre les longueurs de la corde d'une lyre et les différentes hauteurs de la gamme (2/1 pour l'octave, 4/3 pour la quinte, 4/5 pour la quarte). Aussi affirmaient-ils qu'une même harmonie régnait dans le monde sonore de la musique et le monde céleste de la révolution des astres[2].

Le monde terrestre de l'homme recèle aussi quelque tendance à l'ordre dans la mesure où l'homme est intelligence et raison, et qu'il peut, grâce à elle, mener une vie sage, réglée, ordonnée. Quand il s'agit d'animaux, de plantes, d'êtres vivants en général, leur organisation, leur structure manifestent un ordre intelligent qui ne peut être le fruit du hasard ou de la nécessité, ordre qui devient quasi inexistant dans les corps de matière brute.

De même qu'un beau corps est un lointain reflet de ce que peut être le beau en soi, de même, l'ordonnance mathématique du ciel visible et de ses révolutions (comme l'ordonnance mathématique des harmonies en musique) manifeste, tout en la voilant, la perfection d'un monde supérieur – comme si la présence de la matière, d'une réalité sensible, arrêtait ou déformait un tant soit peu la lumière d'une beauté parfaite supérieure.

Mais de quelle beauté s'agit-il exactement ? Du rayonnement du bien : le beau est un éclat du bien.

le bien

Le bien, l'Idée du bien est l'objet ultime de la connaissance philosophique : sans la vision du bien au sommet de la quête de la vérité, la philosophie ne saurait posséder cette vision d'ensemble qui lui permet de relier entre elles mathématiques, astronomie, théorie de la musique, dialectique, et surtout de relier entre elles les Idées que la dialectique permet de saisir.

Le bien est la cause de tout ce qui est ordre et beauté dans le monde, nous dit Platon dans le livre VII de la *République*. Le bien, en effet, est ce qui dispose les choses pour le mieux, ce qui les dispose bien.

---

1. Voir **Documents**, texte de Plutarque, *La Vie de Nicias*, p. 126.
2. Voir **Documents**, texte de Jamblique, *La Vie de Pythagore*, p. 124.

Le bien dispose les choses pour le mieux, parce qu'il les relie ensemble, non pas capricieusement, aveuglément, mais avec intelligence et ordonnance. On ne saurait rendre compte de l'ordre intelligent du monde sensible, céleste et terrestre, par la combinaison fortuite de ses éléments matériels. Seules des réalités immatérielles – les Idées ou les Formes – peuvent donner forme – ordonnance et éclat – à la matière du monde sensible. Mais, à leur tour, les Idées qui forment le monde intelligible n'existent que par et pour le bien. Le bien est l'Idée qui unit les Idées entre elles, la fin vers laquelle tendent le monde intelligible et le monde sensible.

Le bien constitue la fin que poursuit tout être. À quoi tendent les astres divins dans leurs révolutions, sinon à reproduire ce qui est bon et parfait ? Le moindre être vivant recherche aussi son bien, et c'est ainsi qu'il cherche à se reproduire et à perpétuer la vie, autrement dit à la rendre éternelle, immortelle. Et chez l'homme ? Chacun de nous désire le bien, mais s'arrête à des biens limités, étroits (bien de la santé, bien des honneurs, biens matériels...). Le bien de l'âme ne peut être que de s'élever à la contemplation du bien. Et la contemplation de l'Idée du bien est, pour le philosophe, l'objet ultime de la science des Idées qu'est la dialectique.

En effet, la contemplation du bien est nécessaire au philosophe, s'il ne veut pas faire de la dialectique un simple jeu gratuit et stérile. L'âme ne peut avoir une parfaite intelligence de la justice, de la beauté, de chacune des Idées, que si elle perçoit ce qui les relie les unes aux autres. Car qu'est-ce que la saisie de la justice, en dehors de la saisie des autres Idées – de la vertu, du courage, de la tempérance, mais aussi du beau, et de toutes les Idées... ? Isolée du monde intelligible, dont elle emprunte la lumière, une Idée ne peut être pleinement connue par l'âme. Or, cette lumière commune leur vient de l'Idée du bien.

Autrement dit, la progression dialectique dans la recherche de la vérité (des véritables réalités que sont les Idées) doit aboutir, à force de questions et de réponses, et d'hypothèses envisagées, à l'Idée anhypothétique dont dépendent toutes les autres Idées : l'Idée du bien.

L'Idée du bien est à la fois source de l'existence des Idées, et source pour l'âme de leur intelligibilité. Le bien est à la fois la fin de la quête de la sagesse et la source de la sagesse. En un mot, le bien désigne Dieu, terme suprême de la connaissance et garant de la vérité de cette connaissance. Mais il ne désigne pas un dieu mythologique, astral, ou un objet de culte déterminé. Il n'est pas un objet de croyance posé au commencement de la philosophie. Il est la fin de l'élan sans cesse recommencé de la philosophie, de toute recherche dialectique.

Le bien est aussi la fin de toute action et sa contemplation, la source de toute moralité. *La méchanceté résulte de l'ignorance,* en particulier de l'ignorance de ce qu'est le bien.

Or, chez Platon comme chez tout Grec de la période classique, morale et politique sont inséparables : un homme accompli ne peut être qu'un citoyen accompli. Et comme pour être un homme de bien, ou un bon citoyen, il faut connaître le bien, faute de pouvoir le connaître par soi-même dans tout son éclat, il convient au moins d'être guidé par ceux qui se sont élevés jusqu'à cette connaissance, c'est-à-dire les philosophes.

C'est pourquoi il est nécessaire, pour le bien de tous, que les philosophes soient mis à la tête de la cité. De cette manière le sort de la cité ne dépendra plus du caprice de l'opinion, mais sera soumis aux directives d'un savoir sûr et ferme.

Il convient à présent de présenter cette cité modèle gouvernée par les philosophes, telle que Platon la décrit dans la *République* et en particulier dans les livres précédant le livre VII, à travers un dialogue mené par Socrate avec deux jeunes interlocuteurs, Adimante et Glaucon.

Grandes thèses

Le corps, obstacle à l'accès au monde intelligible

Le détachement du prisonnier à l'intérieur de la caverne et sa montée progressive dans et puis hors de la caverne symbolisent le détachement et l'affranchissement progressif de l'âme à l'égard du corps, tout autant que le détachement et l'affranchissement progressif du philosophe à l'égard de l'opinion commune.

1. Le corps est le « tombeau de l'âme »

Le corps, sujet à la mort, apparenté au monde du devenir, constitue une entrave à l'envolée de l'âme vers le monde de l'être et des idées éternelles. Pourquoi ? Parce que les sens de notre corps nous trompent sur la véritable réalité et nous abusent sur notre véritable bien. Ils arrêtent l'âme à la certitude que la seule réalité est celle du monde sensible.

De plus, l'importance excessive que mes sens me font accorder aux plaisirs et aux souffrances, me détournent de l'existence de biens plus précieux, de valeurs véritables. En effet, la recherche de la satisfaction de mes sens, de mes besoins, de mes passions – que Platon désigne par le mot *épithumia* (« désir ») – enchaîne l'âme dans les sollicitations indéfinies du monde sensible. Car le désir, par nature, est insatiable. Un désir une fois réalisé laisse l'âme insatisfaite, déception qu'elle surmonte par la poursuite de nouveaux désirs, et ainsi de suite indéfiniment. Le désir emprisonne l'âme dans le désir : on ne désire que ce dont on manque ; or on manque toujours de ce dont on désire. Ainsi Platon dit-il dans le *Phédon* que l'âme est contrainte de regarder les réalités à travers les grilles de la prison du corps, et cette prison est constituée par le « désir ».

Platon se plaît à répéter, après les pythagoriciens, que le corps est le « tombeau de l'âme[1] ». Le corps mortel brise l'élan de l'âme vers ce qui est immortel : les essences divines et éternelles que sont les Idées. Langage philosophique et langage religieux finissent en effet par se confondre : l'âme en l'homme, est ce qui l'apparente au divin, au monde divin des véritables réalités ou Idées, et l'âme est comme une parcelle de l'âme divine en nous. Or, le corps rive l'âme à l'ici-bas, au monde de la terre, de la matière, monde dans lequel elle est retenue comme étrangère et prisonnière.

1. Jeu de mots en grec : *sôma-sèma*, « corps-tombeau ».

2. La théorie de la réminiscence

Car, autrefois, l'âme aurait contemplé les véritables réalités ou Idées, c'est-à-dire le bien, le vrai, le beau, le juste, etc. Comment, en effet, désirerais-je le vrai, le bien, le beau, le juste… si je ne savais déjà, confusément, ce qu'ils sont ? Si j'étais tout à fait ignorant de la vérité, je ne pourrais même pas désirer la chercher ; si j'aspire à la vérité, c'est parce que je la connais déjà : il faut donc que je m'en *ressouvienne* – et, pour paraphraser Pascal, « je ne la rechercherais pas, si je ne l'avais déjà trouvée ».

Comment expliquer que je puisse acquérir l'Idée du juste, quand rien dans le monde ne me présente quelque chose ou quelqu'un qui soit parfaitement juste ? Comment est-ce que je parviens à concevoir l'Idée d'égalité, quand rien dans le monde sensible ne me présente deux êtres absolument égaux ? Il faut donc bien que j'aie acquis la vision de ces Idées dans une vie antérieure. C'est ainsi que Platon semble avoir partagé avec les pythagoriciens la croyance en une vie de l'âme avant son incarnation dans un corps, à la réincarnation successive des âmes (ou métempsycose).

Le but d'une existence philosophique est d'éveiller le ressouvenir de la connaissance des Idées, que l'âme recèle à l'intérieur d'elle-même et que lui font oublier les séductions et les mirages du monde sensible ; d'empêcher que l'âme n'abaisse ses regards vers le monde d'ici-bas et la satisfaction des sens qui la perdent – comme Narcisse qui, à force d'abaisser ses regards vers la contemplation de sa propre image, s'est noyé dans l'eau qui la reflétait – pour les tourner vers le monde divin des Idées, en un mot, de la libérer de l'emprise du corps – libération symbolisée dans l'allégorie de la caverne du livre VII par le tableau de l'homme qui réussit à se délivrer de ses chaînes, à se retourner, puis à monter vers la lumière et à jouir de l'éclat du jour.

Le détachement à l'égard des sens exige une ascèse de l'intelligence, acquise par l'étude des mathématiques et de la dialectique.

Les deux niveaux de l'étude des mathématiques

La partie centrale du livre VII (de 521*c* à 531*c*) de la *République* est consacrée à la distinction entre deux types d'étude des mathématiques. Soit elles sont utilisées à des fins pratiques – et par exemple dans la cité idéale à des fins militaires –, soit elles sont abordées à des fins théoriques. C'est bien évidemment dans une visée purement théorique que le philosophe, futur dirigeant de la cité idéale, doit se former aux mathématiques.

1. Les fins pratiques des mathématiques

Depuis que la physique a été mathématisée (c'est-à-dire depuis le XVIIe siècle, depuis Galilée et Newton), nous voyons immédiatement l'utilité de l'étude des mathématiques : pas de science de l'ingénieur sans étude des mathématiques. Mais nous oublions :

• que les Grecs avaient déjà largement aperçu l'utilité pratique des mathématiques et toute l'étendue de leurs applications ;

• que les mathématiques ne doivent leur richesse et leur fécondité qu'à leur autonomie théorique et à leur caractère purement spéculatif.

Platon pratiquait des mathématiques d'un haut niveau et était entouré de grands mathématiciens, par exemple Théodore, Théétète, Eudoxe qui fréquentaient l'Académie, et dont les travaux ont été repris et synthétisés par Euclide. Or Platon remarque que les recherches mathématiques exigent un détachement par rapport au témoignage visuel des figures géométriques, alors même que le langage géométrique est le langage par lequel les Grecs passaient nécessairement pour faire des recherches sur l'arithmétique et la théorie des nombres, sur le calcul des proportions et, bien sûr, des irrationnels. Pourquoi ? Parce que seuls importent la démonstration et l'enchaînement rationnel des propositions, depuis les définitions admises et les principes posés comme vrais jusqu'à leurs dernières conséquences.

C'est donc parce qu'elles constituent un modèle de rationalité que le philosophe doit poursuivre les études mathématiques, et non en vue de leurs multiples applications empiriques. Elles n'ont donc pas à être étudiées pour rester prisonnier du sensible et de la caverne, mais bien pour nous élever hors de la caverne et nous détacher du corps, des sens et du devenir.

En effet, les mathématiques étaient utilisées par les Grecs dans de nombreux domaines techniques : arpentage, architecture, construction de routes et de ponts, art de la navigation... Mais Platon méprisait cet usage empirique et technicien des mathématiques – même si les applications pouvaient faire progresser la recherche mathématique, comme le montrent les travaux d'Archytas – et ne prisait que leur aspect purement spéculatif.

2. Les fins théoriques des mathématiques

Le philosophe est présenté comme celui qui ne se contente pas d'apprendre l'arithmétique pour faire du commerce, ni même seulement pour savoir ranger une armée, mais parce qu'elle permet d'élever l'âme à la question philosophique de ce qu'est l'un et le multiple, à celle de l'essence du nombre (525*a*-525*d*). De même, il ne se contente pas de pratiquer la géométrie en vue d'opérer des mesures terrestres, mais en vue de la seule connaissance « de ce qui est toujours » (des essences éternelles, 527*a*). De même, il n'étudiera pas l'astronomie parce qu'elle est utile à l'agriculture et à l'art de la navigation (527*d*), ni même parce qu'elle est utile pour mieux regarder le ciel (529*a*). Pas plus qu'il n'étudiera la science de l'harmonie parce qu'elle est utile pour la pratique de la musique. Non, il les étudiera pour leur intérêt purement mathématique, parce que l'étude du ciel et de la révolution des astres, comme celle des rapports entre les notes de la gamme, sont des occasions de poser des problèmes mathématiques (529*d*-531*c*).

Ainsi, les mathématiques initient l'âme à n'user que du seul raisonnement sans recours aux sens et l'élèvent à la contemplation intellectuelle d'un ordre et d'une harmonie qui la rapprochent du divin : elles sont « utiles à la recherche du beau et du bien » (531*c*).

Mathématiques et dialectique

Les mathématiques sont un prélude à la science à laquelle doit accéder le philosophe, c'est-à-dire à la dialectique, parce qu'elles préparent à une démarche rationnelle qui ne doit rien au témoignage empirique des sens, même si le mathématicien, et surtout le mathématicien grec, s'appuie sur l'illustration géométrique.

Cependant, les mathématiques ne sont pas le sommet de la science, alors même qu'elles apparaissent comme un modèle de rationalité. Pourquoi ? Parce que les êtres mathématiques ne sont pas des Idées. Or la dialectique vise à atteindre la saisie des Idées. Les êtres mathématiques sont purement relatifs. Les Idées, au contraire, sont des entités absolues.

En effet, le chiffre 1, 2, ou n'importe quel chiffre n'a de réalité que relativement à un autre chiffre ($2 = 1 + 1$, $3 = 2 + 1$, $1 = 2 - 1$, $12 = 4 \times 3$, etc). De plus, comment attribuer une réalité à un nombre irrationnel comme $\sqrt{2}$ qui n'est ni un nombre pair ni un nombre impair ? De même, une figure géométrique représente une quantité de surface délimitée relative à une autre (un cercle peut contenir un carré, un triangle, ou inversement).

Les Idées, en revanche, sont des réalités absolues auxquelles on ne saurait rien retrancher et qu'on ne peut diminuer : telles l'Idée du beau, l'Idée du juste, l'Idée d'homme, l'Idée de cheval, qui donnent à tout ce qui est beau, juste, homme, cheval, leurs qualités belles, justes, humaines, chevalines, etc.

Or, de même, il existe une Idée de l'unité ou de l'un, sans laquelle aucun nombre n'aurait une unité propre (car je peux toujours considérer que le nombre 2, par exemple, est un multiple de nombres beaucoup plus petits : rien ne saurait arrêter la division à l'infini d'un nombre entier) ; mais l'arithméticien raisonne sur des nombres qui sont toujours susceptibles d'être multipliés ou divisés… et non sur l'Idée de l'un. De même, le géomètre ne raisonne pas sur l'Idée du cercle ou du carré – qui donne son unité et son essence à tout cercle et à tout carré… – mais sur tel ou tel cercle, tel ou tel carré…

Si les mathématiques n'atteignent pas des vérités absolues, c'est parce que, dans leur méthode même, elles reposent sur des fondements incertains. Platon est le premier à mettre en évidence que les mathématiques posent des problèmes quant à leurs fondements logiques. À cet égard il inaugure toute une tradition de la recherche mathématique qui n'a jamais séparé fondement philosophique des mathématiques et mathématiques. Il est le premier épistémologue des mathématiques.

En effet, le raisonnement mathématique reste dépendant de l'hypothèse choisie au départ, c'est-à-dire qu'il suppose admis qu'il existe des pairs et des impairs, des cercles, des droites, des carrés, etc. Il admet des définitions qui, entre autres, doivent beaucoup à la représentation sensible (d'un cercle ou d'une droite...). Le philosophe va au-delà des hypothèses considérées pour se demander, par exemple, ce qu'est l'un, le deux, le pair, l'impair, le grand, le petit, le cercle, le triangle, le carré. Il raisonne dans l'absolu, car il ne peut se contenter de vérités relatives ou insuffisamment fondées.

Et il doit le faire car, sinon, quel est le fondement de vérité des mathématiques : des définitions conventionnelles, des intuitions sensibles... ? On peut dire que la logique et les mathématiques contemporaines, depuis la fin du XIXe siècle (Frege, Russell, Hilbert...), ont renoué avec ces questions fondamentales posées par Platon (puis par Aristote et les commentateurs anciens de Platon).

La dialectique s'appuie aussi sur des hypothèses, mais c'est pour ne les considérer que comme provisoires et non pas pour s'y tenir de manière rigide. Par exemple, dans la recherche de la connaissance de la justice, on part d'hypothèses de définition en se référant à tel ou tel exemple (« la justice c'est rendre ce qui est dû », « c'est faire son devoir », « faire du bien à ses amis, du mal à ses ennemis », « satisfaire son désir de puissance ») : les conséquences de ces hypothèses révéleront leur insuffisance ou leur absurdité, et exigeront de nouvelles hypothèses, et ainsi de suite, pour aboutir enfin à la saisie universelle de l'essence de la justice, valable non plus seulement à partir de telle ou telle hypothèse, de tel ou tel cas particulier, mais valable absolument.

Si le philosophe est ainsi prêt à remettre sans cesse hypothèse sur hypothèse dans la discussion, c'est afin de remonter jusqu'à un principe anhypothétique, à un principe qui ne puisse plus être considéré comme relatif à un principe antérieur : ce principe premier est l'Idée du bien (Dieu).

Cependant il serait inutile de se lancer dans la dialectique en néophyte, avec empressement et précipitation – comme bien des jeunes gens y sont encouragés par leurs maîtres ou par les sophistes –, sans la méthode et la rigueur que seules les mathématiques permettent d'acquérir.

Sujet de dissertation

Peut-on reprocher à la philosophie d'être inutile ?

Introduction

- Le philosophe n'est-il pas semblable au prisonnier de l'allégorie de la caverne qui ouvre le livre VII de la *République* ? Après qu'on l'a libéré de ses chaînes et contraint de sortir de la caverne, le voici, redescendant dans la caverne, les yeux encore inondés de lumière, qui ne parvient plus à se repérer dans l'obscurité, à distinguer les êtres qui la hantent, et qui chancelle et titube au point d'être la risée de ses anciens compagnons.
- À force de s'élever loin de l'expérience sensible et de se complaire dans les merveilles d'un monde accessible seulement à l'intelligence capable de la plus grande abstraction – ainsi du mathématicien dont l'intelligence élabore des problèmes concernant des objets qui sont de pures idéalités –, le philosophe n'est-il pas coupé du réel, et ses interrogations et spéculations n'apparaissent-elles pas dénuées de toute utilité aux yeux de quiconque cherche simplement à se retrouver dans le monde auquel nous avons affaire au quotidien, non seulement avec notre âme, mais aussi avec notre corps ?
- Rien de plus commun que ce jugement de l'opinion commune taxant la philosophie de discipline oiseuse et vaine ; et rien ne le conforte davantage que l'image platonicienne du philosophe qui s'éloigne de notre monde pour celui des Idées et qui, pire, prendrait la tête d'une cité qui ne peut exister qu'idéalement et dont la réalisation effective apparaîtrait même comme violente et inhumaine.
- Qu'est-ce qui peut favoriser ce jugement : « La philosophie est parfaitement inutile » ? Quelle fausse idée de la philosophie nourrit aussi un tel jugement ? Est-il possible, en revanche, en dépit des critiques qu'on peut adresser à la pensée politique de Platon, de démontrer l'utilité de la philosophie pour la vie de la cité ?

1. Qu'est-ce qui peut favoriser ce jugement sur l'inutilité de la philosophie ? Quels arguments l'opinion avance-t-elle pour le justifier ?

- À quoi peut donc bien servir la philosophie, demande l'opinion ? Après tout, si je dois soigner une maladie, c'est le médecin qui me sera utile ; si je veux m'enrichir, c'est le financier (aujourd'hui le banquier) qui me sera utile ; si je veux réparer ma maison, c'est le maçon qui me sera utile ; si je veux réparer le toit de ma maison, c'est le charpentier qui me sera utile ; si je veux réparer mes chaussures, ce sera le cordonnier qui sera utile, etc. Si je vais voir le philosophe, à quoi pourra-t-il m'être utile ?

- Aujourd'hui encore les corps de métiers d'artisans auxquels on peut avoir affaire au quotidien, sans parler des entrepreneurs, des ingénieurs, des milliers d'acteurs économiques intervenant dans notre vie en société, apparaissent plus utiles que le philosophe : les premiers permettent de satisfaire des besoins matériels et, plus largement, des besoins économiques et sociaux complexes ; le second permet de satisfaire des besoins, ou plutôt des désirs intellectuels qui apparaissent quelque peu gratuits et superflus.
- Il peut être agréable pour notre intelligence de délier des questions délicates, de mener des controverses subtiles, de même qu'il est agréable de résoudre des problèmes de mathématiques. Mais si les mathématiques peuvent avoir une utilité pour les calculs de la vie commune – surtout par leurs nombreuses applications en physique et en technologie –, on ne peut en dire de même de la philosophie.
- Alors, à quoi bon la philosophie ? On pourra mettre en avant qu'il est nécessaire de discuter de ce qui n'est pas susceptible de résolution scientifique comme un problème de mathématique : ainsi des questions éthiques et politiques. Et on pourra même reprendre à son compte la formule de Platon : « La philosophie est fille de la discussion » et faire sienne la présentation platonicienne de la méthode philosophique comme dialectique.
- La dialectique est définie par Platon comme l'art du dialogue : dialoguer pour serrer au plus près une question, par le jeu d'interrogations et de réponses sur un objet qu'on s'efforce de délimiter au mieux, et ce, afin d'éliminer des thèses inconséquentes ou des opinions incertaines de leurs fondements, et d'atteindre si possible la science.
- L'opinion, cependant, est tentée de comparer la discussion philosophique à des querelles de mots inutiles, semblables à ces joutes éristiques dans lesquelles se complaisaient les sophistes. Elle est encline à penser que la philosophie n'a aucune valeur de science et se réduit simplement à une confrontation argumentée d'opinions, dont la rigueur n'atteindra jamais celle de démonstrations mathématiques. En outre, ses sujets de prédilection – la morale, la politique, l'esthétique, le religieux… – relèveraient non de la science objective mais de la subjectivité du jugement. Le philosophie est prête à faire siennes ces formules de Protagoras : « Autant de vérités, autant d'opinions » ; « Est vrai ce qui me paraît l'être ».
- Platon a beau mettre en garde ceux qui s'empresseraient de confondre la pratique de la philosophie avec ce plaisir de la vaine controverse de faire et défaire les raisonnements en tous sens (537*e* - 539*d*), réussit-il à nous convaincre ? Est-il en mesure de nous convaincre – qu'il s'agisse de l'auditeur de son temps ou du lecteur moderne – que la philosophie est autre chose qu'une pratique de la discussion qui se prétend rigoureuse mais qui, au contraire des mathématiques, ne peut l'être complètement ? Et qui, faute d'atteindre une science, mènerait à des spéculations présomptueuses mais inutiles ?

2. Qu'est-ce que la philosophie, si elle n'est ni rhétorique ni sophistique ? Une quête de sagesse ou de science. Et si la philosophie amène vraiment à un savoir, le savoir philosophique, à supposer qu'il existe, est-il bien utile ?

- Selon la définition qu'en donne Platon, la philosophie s'efforce d'atteindre l'essence de chaque chose. Elle tente de s'élever au *concept* de toute chose, à une vision universelle des choses. Le concept d'une chose détermine en effet ce que cette chose est en général, indépendamment des appréciations particulières et multiples qu'on peut avoir, subjectivement, de cette chose. L'art de la médecine exige de savoir ce qu'est une maladie en général, ou telle maladie en particulier – et non de se laisser aller à admettre mille opinions diverses ou contradictoires sur tel phénomène pathologique, ou tel remède. Il en va de même pour tout art particulier : architecture, musique, art de la navigation, géographie, arithmétique, astronomie, etc.
- Certains arts sont purement une affaire d'habitude ou de routine voire de tâtonnements empiriques ; mais d'autres reposent, pour être efficaces, sur des savoirs déterminés. Ces savoirs s'élèvent certes à des notions universelles, ou encore à des concepts bien définis. On sait que la santé est l'objet de la médecine, les nombres, de l'arithmétique, etc. Mais quel est l'objet du savoir philosophique ? Sur quoi portent ses concepts ? Car sachant quel est objet de l'architecture, de la musique, de l'art de la navigation, de la géographie, etc., je sais à quoi ces arts sont utiles. Mais, d'une part, je ne sais pas quel est l'objet de la philosophie et, d'autre part, la philosophie n'est pas comparable à un métier ou à un art professionnel.
- En réalité, l'objet de la philosophie est bien la recherche de la science et de la science seulement, véritablement délivrée des incertitudes de l'opinion, des fausses évidences reposant sur l'habitude ou le consentement de la multitude, des enseignements fragiles de l'expérience. Il s'agit d'aller chercher la science de toute chose, au-delà de nos savoirs ou savoir-faire approximatifs et empiriques, et même au-delà de savoirs rationnels bien déterminés dont l'objet reste particulier (nombres, santé, musique, etc.). La philosophie est tout entière recherche de savoir, savoir de concepts ou de notions universelles portant eux-mêmes sur l'universel. Le bien, objet suprême de la philosophie, est présenté par Platon comme un principe universel de l'ordre du monde.
- Ainsi, même les mathématiques, présentées comme un modèle de rationalité, sont interrogées par la philosophie. Il s'agit de voir ce qu'elles contiennent encore d'incertain, et de non fondé, ce qu'elles tiennent encore de l'expérience ou de l'intuition sensible. À quoi bon le faire, objectera-t-on, s'il est possible de pratiquer les mathématiques sans s'interroger sur la validité de leurs fondements ? En réalité, la réflexion philosophique

sur les fondements des mathématiques (à commencer par celle de Platon en son temps) contribue – et a contribué – aux progrès des mathématiques elles-mêmes. À la fin du XIXe siècle, les avancées de la science de la logique et des mathématiques – qui ont eu une incidence directe sur l'avènement de l'informatique – sont inséparables de celles de la philosophie.

- Mais l'utilité de la philosophie se mesure-t-elle à sa contribution au progrès des sciences positives ? En dehors de sa participation à l'histoire de la raison, la philosophie resterait confrontation d'opinions, et d'opinions qui ne pourront jamais se convertir en science, et cela dès qu'elle sort du domaine de la science et qu'elle aborde celui de la morale, de la politique, de l'esthétique, de la religion… Confrontation inutile et sans effet sur la vie morale et politique de la cité et des individus ?

3. Est-il réellement utile, pour la vie de la cité, de pratiquer la philosophie, si elle ne peut atteindre la moindre science en matière morale ou politique ?

- On sait que Platon pense que la philosophie doit s'élever jusqu'à la science du bien, et que seuls ceux qui se seront élevés jusqu'à cette science seront à même de diriger correctement une cité, si bien que rien n'est plus utile – c'est-à-dire ne contribue davantage au bonheur commun des hommes – que la philosophie. Mais comment entendre cette science du bien – « la plus utile qui soit », selon les termes de Platon à la fin du livre VI ?
- La connaissance du bien et du mal relève à bien des égards de l'habitude, de savoir-faire inculqués par l'éducation. Pour Platon, il faut s'interroger sur ce qu'est le bien, non tel qu'il m'apparaît ainsi à moi et autrement à autrui, mais bien tel qu'il est indépendamment des appréciations subjectives multiples et contradictoires. Sinon à quoi bon chercher le bien et fuir le mal, si nous ne savons pas en quoi consistent l'un et l'autre ? Pourquoi chercher à vivre dans une cité sous une justice commune, si nous ne sommes pas capables de nous entendre sur ce que sont le bien, le beau, le juste… ?
- En effet, il en va de même du beau et du juste… Pourtant il nous apparaît que rien n'est plus subjectif et variable que l'appréciation de la beauté ou de la justice. Soit. Pourtant il existe bien des notions communes du beau et du juste sur le sens desquelles les hommes s'entendent au moins implicitement pour pouvoir les nommer ou les discuter, même s'ils ne savent pas quoi mettre sous ces notions.
- C'est bien à cela que sert la dialectique : mettre à l'épreuve ce que nous entendons par tel ou tel mot, tel ou tel jugement. Cela afin de donner plus de sens et de valeur à nos jugements (esthétiques, moraux ou politiques…).
- En effet, pourquoi l'artiste s'efforcerait-il de créer une belle œuvre dès lors que l'appréciation de celle-ci serait l'affaire d'une opinion dépourvue de toute capacité de distinguer le beau du laid, puisque ces mots, à la limite,

n'auraient aucun sens sur lequel on puisse s'entendre ? Et pourquoi créerions-nous des institutions judiciaires et politiques, et engagerions-nous des délibérations, tant dans un tribunal que dans une assemblée, si nous ne supposions pas des idéaux de justice communs ?

- Nier qu'on puisse atteindre un accord universel en matière esthétique, morale et politique, c'est refuser d'accorder le moindre crédit au langage, clore toute discussion, et se murer dans le silence d'opinions ne pouvant être partagées. Il ne resterait plus aux hommes, pour s'entendre, qu'à se soumettre à la force. On comprend mieux ainsi pourquoi Platon dit que la philosophie est fille de la discussion et que sa pratique est la dialectique.
- Platon a beau critiquer la démocratie, c'est dans le cadre d'une cité démocratique – Athènes – qui mettait la loi, objet de la délibération des hommes, au-dessus de la force, qu'il a pu développer la philosophie. Sparte, avec ses institutions aristocratiques tournées entièrement vers la guerre, n'a produit ni artistes, ni philosophes. On mesure ainsi, paradoxalement, l'utilité extrême de la philosophie : son utilité politique.
- Le ressort d'une cité démocratique, disait Montesquieu, est la vertu. Et, par vertu, il faut entendre l'énergie apportée par chacun dans la participation à la vie publique. Or cette vertu consiste d'abord à user au mieux de sa raison, laquelle vise le bien commun et non la satisfaction de ses appétits particuliers. Aristote dit que l'homme est un « animal politique » dans la mesure même où il est un homme doué de *logos* – de parole et de raison – c'est-à-dire dans la mesure où il est un « animal raisonnable ».
- Or la discussion philosophique, appelée *dialectique* par Platon, en vue d'une science commune profitant à la cité, même si elle ne parvient pas à atteindre une telle science, a le mérite d'appeler chacun à l'usage de sa raison, et d'inciter chacun à ne jamais renoncer à cet usage, même lorsqu'il s'agit d'atteindre les principes universels – la raison d'être première – de *toute* chose.

Conclusion

- Rien n'est plus utile à la vie de la cité que la philosophie, non parce que les philosophes possèdent nécessairement la science du bien, mais parce que, sans la recherche d'une telle science, les individus s'abandonnent à leurs opinions, sans avoir jamais l'humilité de les confronter à celles d'autrui, sans jamais avoir le courage de reconnaître leur propre ignorance – comme Socrate invitait ses interlocuteurs à le faire –, sans jamais avoir le désir de savoir.
- Or, livrés à leurs opinions contradictoires et de plus changeantes au fil du temps, les hommes se soumettent d'autant plus facilement à des maîtres qui prétendent posséder la sagesse. La sagesse ne saurait être reçue béatement ; toute « vérité » doit être sans cesse passée au crible de la critique ou de l'épreuve de la discussion. La croyance sans la science, sans l'effort d'une quête de science, aboutit aisément soit au fanatisme aveugle, soit à la passivité imbécile.

- Et cela même qui se présente comme science – comme une science positive, s'appuyant sur les données sûres de l'expérience et sur les faits – doit être passé au crible de l'interrogation philosophique ou dialectique. Platon l'a fait pour les mathématiques. Nous devons le faire pour tout ce qui, sous prétexte d'être une science objective, nous dispenserait de penser, et nous ferait croire qu'en dehors du champ d'une spécialité scientifique ou technique, nous sommes abandonnés à nos opinions subjectives qui se vaudraient toutes.
- S'il est une chose précieuse que nous enseigne la philosophie, c'est que précisément tout ne peut être dit ou pensé ; qu'il ne suffit pas d'être attaché subjectivement à une opinion ou à une croyance pour qu'elle soit vraie. Et que rien ne dispense de l'usage de la raison critique pour bien penser, non seulement dans le domaine de disciplines rationnelles, mais aussi et surtout dans les domaines qui semblent relever de l'irrationalité et ainsi des caprices de l'opinion. Mieux vaut tenter de comprendre les raisons de sa passion, de sa folie, de sa foi, même si nous ne pouvons les saisir toutes, non pour en triompher, mais pour mieux les vivre.
- Peut-être aussi la raison doit-elle s'efforcer de cerner par elle-même ses limites et de discerner ce qui ne peut dépendre de sa pure maîtrise, et ainsi de renoncer à l'idéal – poursuivi par Platon – d'une direction parfaitement rationnelle de la cité par des hommes parfaitement raisonnables, sans tomber pour autant dans un irrationalisme suicidaire.

Commentaires d'extraits

Texte 1 :

L'allégorie de la caverne

S. – Maintenant, représente-toi notre nature selon qu'elle a été instruite ou ne l'a pas été, sous des traits de ce genre : imagine des hommes dans une demeure souterraine, une caverne, avec une large entrée, ouverte dans toute sa longueur à la lumière : ils sont là les jambes et le cou enchaînés depuis leur enfance, de sorte qu'ils sont immobiles et ne regardent que ce qui est devant eux, leur chaîne les empêchant de tourner la tête.

[...]

G. – Certainement.

Platon, *République*, 514*a*-517*b*, pp. 44-46.

1. Allégorie, et non pas mythe

Le tableau des hommes enchaînés dans une caverne souterraine et le récit de la pénible ascension de l'un d'entre eux après qu'on l'a délié de ses chaînes, ne constituent pas un mythe, mais davantage une allégorie.

Un *mythe* a trait généralement à une histoire de dieux ou de héros ou de figures humaines légendaires, ou bien à la destinée de nos âmes dans une vie antérieure ou postérieure à cette vie terrestre, bref à une série d'événements qui se situent en deçà ou au-delà du temps de cette vie humaine, et dont la connaissance dépasse quelque peu le cadre de la rationalité. Une *allégorie* est un tableau constitué d'images et de symboles ayant chacun un sens déterminé qu'il est possible de décrypter à partir de clefs d'interprétation précises. Autant l'interprétation philosophique d'un mythe – y compris d'un mythe de l'invention de Platon – est ouverte, autant l'interprétation d'une allégorie est fermée. Mais Platon nous donne la clef de l'interprétation de l'allégorie de la caverne à la fin du livre VI, et y renvoie explicitement à la fin de l'allégorie en 517*b*, ainsi qu'en 534*a*.

2. L'analogie entre le bien et le soleil

Rappelons qu'à la fin du livre VI Platon tente de définir ce qu'est un philosophe authentique, un philosophe apte à diriger la cité, et quelle éducation est requise pour qu'on devienne philosophe. Car le chemin qui mène à la philosophie est étroit et difficile. Il exige qu'on s'élève jusqu'à la connaissance du bien, qui est à la fois la source de tout ce qu'il y a de bon et de beau dans le monde, et de tout ce qu'il y a de bon et de beau dans la connaissance de ce monde et la conduite dans ce monde.

Mais il est difficile de dire ce qu'est en lui-même le bien. Socrate prétend n'en donner qu'une image, et le compare alors au soleil de notre monde.

Le soleil illuminant notre monde permet à l'œil de voir et aux objets d'être visibles en offrant cet intermédiaire indispensable entre l'œil et les objets qu'est la lumière. « Or ce qu'est le soleil dans le monde visible, le bien l'est dans le monde intelligible. » Le bien permet à l'œil de l'âme de voir les objets du monde intelligible (les Idées) et aux objets du monde intelligible d'être visibles à l'œil de l'âme : autrement dit il *illumine notre intelligence* et permet aux Idées de se manifester dans tout leur éclat.

D'autre part, le soleil est source de vie. Sans le soleil, pas de croissance des plantes, pas de chaleur nécessaire à la vie animale. De même, le bien est source de vie du monde intelligible : l'Idée du bien *fait être les Idées* qui donnent à notre monde son peu de consistance, de réalité et de stabilité, dans la mesure où il participe de ces Idées. Platon fait ainsi une analogie :

$$\frac{\text{monde sensible}}{\text{éclairé par le soleil}} = \frac{\text{monde intelligible}}{\text{éclairé par le bien}}$$

3. L'image de la ligne et les différents degrés du monde sensible et du monde intelligible

À cette analogie, Platon en ajoute une autre : il compare, à la fin du livre VI, les différents degrés du monde sensible et les différents degrés du monde intelligible à une ligne droite segmentée.

Divisons une ligne en deux grands segments inégaux symbolisant respectivement le monde sensible et le monde intelligible.

Divisons ces deux segments, chacun en deux plus petits segments inégaux, « selon la même proportion », précise Platon (599*d*) : par exemple, si AB est 1/3 de AC, on a AD = 1/3 de AB et BE = 1/3 de BC : AD/BC = BE/EC = AB/AC. On remarquera au passage que, dans une telle relation, on a alors nécessairement DB = BE : les segments intermédiaires (de la *pistis* et de la *dianoia*) sont égaux.

À quoi correspondent ces subdivisions à l'intérieur des deux segments initiaux ? À différents degrés de clarté et de vérité à l'intérieur et du monde sensible et du monde intelligible, qui sont les suivants. On aura ainsi :

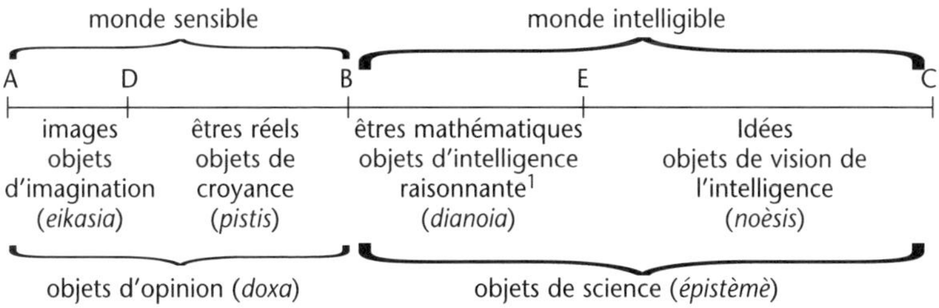

1. Ou « discursive ».

La représentation sensible est plus ou moins vraie :

- nous ne voyons parfois des objets que des ombres, des reflets dans les eaux ou sur des surfaces lisses : nous n'en voyons que des images. Tel est le premier stade de la représentation sensible : l'imagination ;
- ou alors nous voyons les véritables objets tels qu'ils sont : les êtres vivants ou les objets artificiels véritables, lorsque nous soignons en quelque sorte notre perception. On est alors convaincu de leur existence. Tel est le second stade de la représentation sensible : la croyance (la *pistis* qui signifie le « crédit », la « confiance » ; on peut se fier à la *pistis* plus qu'à l'*eikasia*).

Il faut, d'autre part, distinguer deux niveaux de la connaissance intelligible. Nous concevons :

- d'abord dans le monde intelligible les ombres et les reflets des Idées telles qu'ils peuvent se manifester dans les êtres mathématiques que nous concevons à l'aide d'un support sensible (par exemple des figures géométriques) ;
- puis les Idées elles-mêmes, objets de la dialectique.

Ainsi, plus les objets participent de la vérité, plus ils ont de clarté. De la gauche à la droite de la ligne on passe de ce qui a moins de réalité et de luminosité à ce qui a plus de réalité et de luminosité.

Le segment est d'autant plus grand que la réalité saisie est vraie et lumineuse ou que la connaissance est claire et véritable.

On a remarqué que le segment qui correspond à la connaissance mathématique (à la *dianoia*) est égal à celui qui correspond à la croyance (à la *pistis*) ; c'est que l'une et l'autre opèrent en réalité sur les mêmes objets : les objets mathématiques. Cependant, dans le premier cas (au niveau de la *pistis*), on les considère comme des objets du monde visible (plus véritables que les objets désordonnés de l'expérience immédiate), mais sans supposer qu'il existe un autre monde plus vrai que ce monde sensible que nous mettons mathématiquement en ordre ; dans le second cas (au niveau de la *dianoia*), on considère ces objets mathématiques comme de simples hypothèses (sans les prendre pour argent comptant) permettant de raisonner sur des êtres qui sont intelligibles seulement, et ainsi on les considère comme des images de ces êtres intelligibles (Idées).

Derrière la quadripartition des degrés de la connaissance, il y a en gros une tripartition des objets de la connaissance (ce qui est plus conforme au témoignage d'Aristote) : l'intelligible (les Idées), les intermédiaires mathématiques, le sensible.

4. L'allégorie de la caverne par rapport à la « ligne » du livre VI

L'allégorie de la caverne reprend les deux analogies, celle du bien avec le soleil, et celle des degrés de la connaissance avec la ligne.

Le monde de la caverne représente le monde sensible et le monde du jour représente le monde intelligible.

L'un et l'autre possèdent chacun :

• sa source de lumière respective : la caverne est éclairée par un feu, le jour par le soleil. Le feu représente le soleil qui éclaire notre monde visible, et le soleil, le bien qui illumine le monde intelligible ;

• deux niveaux de réalité :

– un niveau inférieur d'ombres, de reflets ;

– un niveau supérieur de réalités véritables, d'où le tableau suivant :

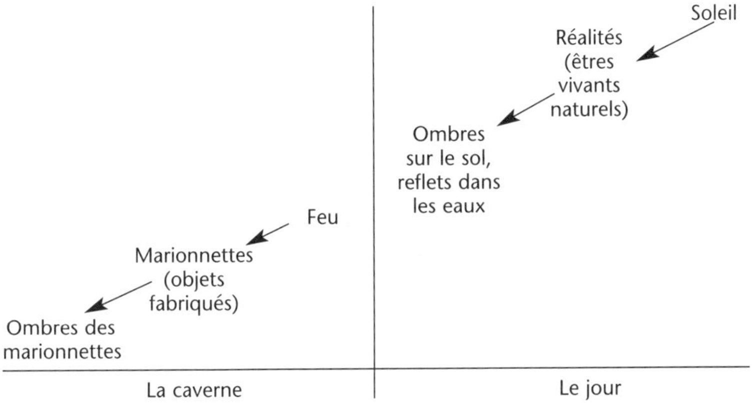

La caverne est au jour ce que le monde sensible est au monde intelligible. Ainsi on peut compléter le tableau précédent par celui-ci :

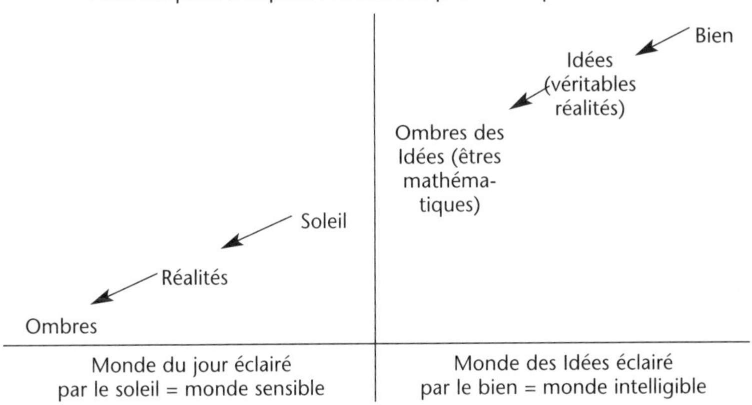

[…] le Soleil que le Bien a engendré à sa propre ressemblance […] La République *L. VI 508c.*

Texte 2 :

L'objet de l'arithmétique

S. – Celle très ordinaire qui consiste à savoir distinguer le un, le deux, le trois, je veux dire, en un mot, la science du nombre et du calcul. Est-ce qu'elle n'est pas telle qu'aucun art, aucune science ne peut s'en passer ?

G. – Si.

[…]

S. – Pour toutes ces raisons, il ne faut pas négliger cette science, mais y former les esprits les plus heureusement doués.

G. – Je suis de ton avis.

Platon, *République*, 522*c*-526*c*, pp. 54-59.

1. Qu'est-ce que l'arithmétique ? (522*c*)

Platon dit qu'il faut étudier l'arithmétique pour s'élever à la connaissance de la vérité et de l'être, et s'éloigner de l'opinion et du devenir. Mais cette affirmation ne va pas de soi. Regardons ce qu'il faut entendre par arithmétique.

L'arithmétique (*arithmètikon*), à laquelle est associée le calcul (*logistikon*), « est la science des nombres », « cette science qui distingue le un, le deux, le trois... », dit simplement Platon (522*c*). Platon nous rappelle d'abord que la plupart des arts et des sciences sont obligés d'y recourir (522*c*). Il expliquera même dans le *Philèbe* qu'un art est d'autant plus fiable et précis qu'il recourt au nombre (comme l'architecture, la construction des navires, la charpenterie...) et, au contraire, d'autant moins fiable qu'il n'y recourt pas et ne fait que procéder par tâtonnements empiriques et conjectures (ce qui est le cas de la musique, de la médecine, de l'agriculture...).

Mais ce n'est pas pour les services rendus à toutes sortes de techniques utiles à la vie que le philosophe doit étudier les mathématiques. Il doit les étudier parce qu'elles suscitent la réflexion, parce qu'elles amènent à poser des problèmes. Platon et ses disciples, férus de mathématiques, font comme les mathématiciens d'aujourd'hui et d'hier : on pose des problèmes et on tente de les résoudre, mais on n'a de cesse de découvrir de nouveaux problèmes ; on pratique les mathématiques pour elles-mêmes, pour leurs vertus spéculatives.

Il ne faut donc pas prendre ici le terme *arithmétique* dans un sens trop élémentaire, mais plutôt l'entendre comme on l'entend aujourd'hui, à un niveau élevé de pratique des mathématiques lorsqu'on s'intéresse, par exemple, à la théorie des nombres. Arithmétique vient du mot *arithmos* qui veut dire « nombre ». Arithmétique et géométrie sont les deux grandes parties des mathématiques grecques (les Grecs ignoraient l'algèbre, l'analyse...). La première porte sur les nombres qui sont soit pairs soit impairs, et la seconde sur des grandeurs continues. Les Grecs utilisent souvent la représentation géométrique pour figurer des relations numériques ; cependant, il est des grandeurs auxquelles il n'est pas toujours possible de faire correspondre un pair ou un impair : c'est le cas des irrationnels. Le calcul porte sur les relations entre pairs et pairs, impairs et impairs, pairs et impairs, mais aussi sur les proportions et leurs moyennes, et par là aussi sur les relations entre rationnels et irrationnels.

Arithmétique et calcul posent à Platon cette question philosophique qui n'a rien perdu de son actualité : « Qu'est-ce qu'un nombre ? »

2. Le caractère contradictoire des objets de l'arithmétique (523*c*-524*d*)

À présent, quelle est l'argumentation de Platon pour prétendre que l'arithmétique doit être étudiée pour sa portée théorique et non pour les services pratiques qu'elle est susceptible de rendre par ailleurs ?

Platon distingue les objets qui suscitent la réflexion et ceux qui ne la suscitent pas. Il donne l'exemple de la perception lointaine d'un doigt. Ce n'est pas le fait de percevoir un doigt qui pose problème, mais le fait de savoir si le doigt perçu est gros ou petit, ou si, au toucher, il est dur ou mou, mince ou épais, etc. Les sensations sont contradictoires et, comme telles, éveillent l'interrogation. En particulier ne font-elles pas apercevoir qu'on attribue à un même être des qualités contraires ; cet être (ce doigt...) est à la fois ceci et cela (ceci et son contraire, grand et petit) et, donc, il est double tout en étant le même être.

Or nous rencontrons ce problème d'une façon beaucoup plus claire en arithmétique : un nombre a une unité ; mais il peut paraître double (par exemple 2 par rapport à 1, 12 par rapport à 6), ou bien même être envisagé comme la moitié d'un (1 par rapport à 2, 6 par rapport à 12, etc. ; voir aussi *Phédon)*. Cependant les nombres ont chacun une unité et possèdent une entité singulière : 6 n'est pas 12.

Autrement dit, les nombres ne sont pas de purs relatifs, relatifs seulement les uns par rapport aux autres. Il existe un *un*, un *deux,* un *trois,* etc. Si, en effet, les nombres étaient de simples relatifs, alors, aucun nombre n'aurait d'unité déterminée ; mieux, l'*un* pourrait être semblable au *multiple,* un nombre très grand pourrait être considéré comme très petit par rapport à un nombre beaucoup plus grand, et cela à l'infini ; ou, inversement, un nombre petit pourrait être considéré comme très grand par rapport à un nombre infiniment plus petit. Et, ainsi, les notions de grand et de petit n'auraient plus aucun sens. C'est bien pour cela qu'il existe aussi une Idée du grand et une Idée du petit pour Platon : « De là nous vient l'idée de rechercher ce que peut être la grandeur et la petitesse » (524*c*).

Le mathématicien authentique s'intéresse à l'essence du nombre, sans être prisonnier de calculs empiriques qui nous enferment dans une fausse évidence de la réalité des nombres et d'un infini relatif.

3. L'un et le multiple (525*a*-525*e*)

Platon dit que cette propriété d'éveiller la pensée et de l'élever vers la science, « la vue de l'unité l'a au plus haut point, car nous voyons la même chose à la fois une et multiple jusqu'à l'infini » »(525*a*). Et, ajoute Socrate, « si c'est vrai pour l'unité, c'est vrai aussi pour tout nombre ». L'arithmétique, en portant sur les nombres, porte sur de multiples unités distinctes les unes des autres ; en réalité, elle a affaire ainsi à des objets étranges, mélanges d'un et de multiple.

Nous l'avons rappelé, l'unité d'un nombre quelconque ou d'un segment quelconque en géométrie est extensible ou divisible à l'infini. On peut certes dans la décomposition d'un entier s'arrêter à l'unité et même ramener tout rapport d'un entier à un autre entier (la décomposition d'un entier en parties indéfiniment divisibles), à une unité. Les Grecs ne connaissaient pas les nombres fractionnaires ni les chiffres décimaux, mais ils possédaient tout à fait l'idée de la décomposition d'un nombre en composants ou en facteurs plus petits.

Or ils ne faisaient pas de l'unité un nombre – pas plus Euclide qu'Aristote ou Platon : un n'est pas un nombre. Chaque nombre est constitué d'unités élémentaires et tout nombre, aussi petit soit-il, est une unité ; aussi, quand les mathématiciens divisaient un nombre en quantités infinitésimales, ramenaient-ils ce nombre très petit à une unité. D'où cette formule qui rend bel et bien compte d'une pratique des mathématiciens grecs quand ils maniaient les nombres : « Tu sais bien comment sont ceux qui sont de redoutables mathématiciens : si on entreprend de diviser l'unité elle-même, ils en rient et ne l'admettent pas ; et si tu la divises, ils la multiplient d'autant, craignant que l'unité n'apparaisse pas comme étant une unité mais une multiplicité de parties » (525*e*).

Mais le problème de l'unité d'un nombre n'en est pas résolu pour autant. Il est même redoublé par l'existence des irrationnels. Car, dans le cas des irrationnels, nous avons affaire à une grandeur continue (par exemple la diagonale d'un carré) incommensurable en longueur avec une autre grandeur (avec le côté du carré) ; très précisément, il est impossible de ramener le rapport de cette grandeur avec une autre grandeur (la diagonale avec le côté du carré) à une unité de mesure commune (à une unité numérique paire ou impaire).

Et l'on pourra tenter de réduire leur rapport à la plus petite mesure qui soit, en réduisant au minimum l'écart de grandeur entre l'une et l'autre qui empêche qu'on puisse les comparer numériquement. Or le processus de réduction est sans fin, on ne parviendra pas à annuler cet écart ; on ne tombera jamais sur la moindre unité de mesure commune ; elle pèchera toujours un tant soit peu soit par excès soit par défaut. En termes modernes, $\sqrt{2}$ est égal à 1,2....*n* : il n'y a pas de fin à la suite des nombres qui suivent la virgule.

Cependant, la grandeur de la diagonale a bel et bien une unité et constitue une longueur déterminée ($\sqrt{2}$ si le côté est = 1). Elle n'apparaît même pas comme une « multiplicité de parties ». Toute mesure numérique ou toute mesure empirique de la diagonale au moyen d'une règle graduée échouera. Cependant cette grandeur *est* ; notre intelligence la perçoit et constate même le rapport entre l'aire du carré que coupe en deux la diagonale et celle du carré dont la diagonale forme un côté, puisque l'aire de celui-ci est le double de celui-là. En portant au carré la diagonale $(\sqrt{2})^2$, on obtient une grandeur entière (2). Apparemment, les irrationnels ne sont pas réductibles à l'unité, mais sont en puissance des unités déterminées.

4. Les Idées des nombres et les nombres

Ainsi des nombres ou grandeurs, qu'ils soient pairs, impairs ou bien irrationnels, tout en paraissant multiples et décomposables à l'infini, ou tout en ne paraissant pas décomposables en des unités numériques, n'en ont pas moins une unité déterminée. Cela suppose qu'au-delà de ces nombres, il y ait bel et bien des unités qui ne soient ni divisibles, ni extensibles à l'infini, qui constituent des absolus. Ce sont des unités intelligibles qui ne rentrent dans aucune relation de calcul : « S. – Où sont ces unités dont vous affirmez l'existence, parfaitement égales entre elles, sans la moindre différence, et qui ne sont point composées de parties ? Que croirais-tu qu'ils répondraient ? G. – Ceci à mon avis : qu'ils parlent de nombres qu'il est seulement possible de concevoir et qu'on ne peut manier de nulle autre façon. » (526*a*)

Ces unités intelligibles, qui ne sont pas l'objet de calculs, sont cependant la condition de l'existence effective des nombres et des grandeurs sur lesquels on opère des calculs. Sans la pensée de l'Idée d'unité, c'est-à-dire de la réalité de l'unité, de même que sans la pensée de l'Idée, c'est-à-dire de la réalité dans l'absolu, de la grandeur et de la petitesse, on ne saurait concevoir un nombre réellement distinct d'un autre nombre, ni un nombre réellement grand ni un nombre réellement petit. Les nombres ne sont pas les Idées des nombres, mais ils ont une réalité déterminée parce qu'ils participent de ces Idées, et en dérivent.

Reste à se demander s'il y autant d'unités intelligibles distinctes ou d'Idées des nombres que de nombres. Cela amènerait à un redoublement absurde : il y aurait l'Idée de l'un, du deux, du trois, du quatre, de cent... de dix mille... et ainsi de suite à l'infini. Non, il y a d'abord un privilège de l'Idée d'un : « Ainsi le problème de la connaissance de l'unité est de ces choses qui conduisent et qui tournent l'âme vers la contemplation de l'être » (525*a*). L'Idée de l'un et celle du deux suffisent en réalité à générer les nombres : les pairs dérivent de la multiplication par deux de l'unité (deux est alors un principe générateur, une Idée, appelée *dyade*, et non un nombre), et les nombres impairs bornent chaque multiplication par deux en ajoutant chaque fois une unité : l'Idée d'unité limite le pouvoir indéfiniment multiplicateur de la dyade.

Mais on obtient ainsi seulement la génération des entiers. Dans la philosophie plus tardive des mathématiques (d'après le témoignage d'Aristote et selon une lecture attentive du *Parménide* et du *Philèbe*), Platon génère tous les nombres – les pairs ou impairs et les irrationnels, c'est-à-dire les entiers et ceux qui sont « en puissance » un entier – à partir à la fois de Idée d'unité, principe de limitation et de discrimination des nombres, et de l'Idée de la dyade, entendue alors comme dyade indéfinie du grand et du petit. Les nombres deviennent indéfiniment multiples par le pouvoir générateur illimité de la dyade, mais parce qu'indéfiniment ou trop grands ou trop petits par rapport à l'unité (par exemple par rapport à une unité de mesure commune pour des incommensurables). L'Idée d'Un donne cependant à une grandeur incommensurable comme à une grandeur commensurable (à un irrationnel comme à un entier) une unité, imposant une limite à un processus de détermination qui pèche toujours soit par excès soit par défaut (qui est toujours ou trop « grande » ou trop « petite »). On voit ainsi comment Platon est un précurseur de la notion moderne de limite mettant fin à un processus de convergence qui tend vers l'infini.

Texte 3 :

Pour une pratique authentique de la dialectique

S. – Mais n'oublions pas ceci : que notre choix, pour commencer, portait sur des personnes âgées et qu'ici un pareil choix ne serait pas de mise. Car il ne faut pas en croire Solon lorsqu'il dit qu'un homme âgé peut apprendre beaucoup de choses : il en est moins capable que de courir ; c'est aux jeunes gens que conviennent les grands et multiples efforts.

[…]

G. – C'est juste, si elles doivent partager toutes choses sur un pied d'égalité avec les hommes, comme nous l'avons expliqué.

Platon, *République*, 536*c*-540*c*, pp. 72-77.

1. La dialectique au service d'une vue synthétique (537*b*-537*c*)

On sait que la dialectique couronne le long cursus d'apprentissage des mathématiques – dans l'ordre : de l'arithmétique, de la géométrie, de l'astronomie, de l'harmonie. Dans le passage final du livre VII qui concerne les différentes étapes de la formation et de la sélection des futurs dirigeants de la cité, il est dit qu'après avoir repéré les meilleurs jeunes gens au terme de leur formation intellectuelle, sportive et militaire, « il faudra présenter dans leur ensemble les sciences, qu'ils auront étudiées en désordre pendant leur enfance, en vue de leur donner une vue synthétique de la parenté qu'elles ont entre elles et avec la nature de l'être. » C'est d'ailleurs « le meilleur moyen de distinguer le naturel propre à la dialectique de celui qui ne l'est pas ; celui qui a l'esprit synthétique est dialecticien, sinon il ne l'est pas ».

Cet « esprit synthétique » est capable de remonter à l'unité rassemblante d'études qui peuvent paraître dispersées. C'est pourquoi on s'efforcera de « présenter les sciences dans leur parenté » et leur commune unité. Or, quelle peut être l'unité rassemblante de l'arithmétique, de la géométrie, de l'astronomie, de l'harmonie ? D'être toutes des disciplines mathématiques. Mais encore ? Qu'est- ce qui fait l'unité des mathématiques elles-mêmes ? La raison humaine, pourrait-on répondre. Cette réponse serait celle des modernes, d'un Descartes, ou d'un Kant.

Pour Platon, l'unité est dans le contenu même de ces sciences, elle est du côté du réel. Plus exactement, la vérité propre aux définitions et aux démonstrations mathématiques ne vient pas de l'ingéniosité de l'intelligence humaine, de conventions efficaces, des ressources du raisonnement, mais de l'être (de l'essence et de l'existence) des objets mathématiques, intelligibles et non sensibles. D'où la formule de Platon : il faudra leur donner une vue synthétique de la parenté qu'elles ont entre elles « et avec la nature de l'être ».

Mais une difficulté demeurera dans la philosophie platonicienne, à laquelle il n'est pas fait allusion ici, c'est d'articuler synthèse et analyse. Du côté de la synthèse, il s'agit d'aller au-delà de l'apparente dispersion des choses donnée par l'expérience sensible, pour atteindre la réalité véritable et permanente des choses (pour atteindre les Idées des choses). Mais les Idées elles-mêmes sont reliées entre elles, et dépendent d'un principe unificateur et ordonnateur : l'Idée du bien.

Les Idées dépendent donc les unes des autres. Car certaines Idées ont un pouvoir d'extension plus grand que d'autres, et il y a inévitablement une hiérarchie depuis les Idées les plus extensives (les plus générales) jusqu'aux Idées les plus compréhensives (les plus spécifiques). L'établissement de cette hiérarchie suppose une division progressive des Idées génériques en Idées spécifiques déterminées, en un mot suppose une analyse de l'unité en multiplicités définies (voir *Sophiste, Politique, Philèbe*).

2. La dialectique, parente de l'éristique[1] (537*d*-*e*)

Celui qui s'exerce à la dialectique en vue de rendre raison de l'essence des choses, parce qu'il ne se contente pas de se cramponner à des hypothèses (à des notions et des définitions admises comme allant de soi)

1. L'éristique, c'est-à-dire l'art de la controverse, jouant avec tous les raffinements possibles de l'argumentation pour l'emporter dans une discussion.

sans en rendre raison, celui-là s'enquiert du fondement dans l'être de ses connaissances (de leur fondement *ontologique*). On a vu plus haut comment l'arithméticien, par exemple, ne devait pas se contenter d'opérer sur les nombres, mais devait chercher à donner un fondement de vérité à l'arithmétique, et que c'est ainsi qu'il s'élevait nécessairement à l'Idée de l'existence, c'est-à-dire à l'Idée de nombres idéaux, et au-delà à l'Idée d'unité (ainsi que du grand, du petit...).

Or, de même, le philosophe par la maîtrise de la dialectique, s'enquiert du fondement de la morale et de la politique, et s'élève à l'Idée du bon, du beau, du juste qui donnent quelque validité objective au bien, au beau et au juste auxquels nous aspirons dans la vie de la cité. C'est parce que le philosophe, en pratiquant la dialectique, n'a eu de cesse de ne pas se contenter d'opinions sur ce qui est bon, beau et juste, mais qu'il s'est élevé jusqu'à la vérité de ce qu'il est bon, beau et juste de faire.

Mais Socrate opère une mise en garde. Après avoir repéré les plus aptes aux études mathématiques, et vérifié leur capacité de synthèse, « on les mettra à l'épreuve de la dialectique » et à cette occasion, on verra qui sera capable vraiment de « parvenir à la connaissance de l'être » (537*d*). « Mais là – ajoute Socrate – il s'agit de prendre les plus grandes précautions. « Pourquoi ? » demande Glaucon. Ne remarques-tu pas le mal, dont l'étude de la dialectique est atteinte et l'étendue de ce mal ? réplique Socrate (537*e*).

Pour comprendre cette mise en garde de Socrate, il faut à la fois souligner l'importance et les dangers de la dialectique dans la vie culturelle et politique athénienne. La démocratie athénienne favorisait naturellement la confrontation d'opinions sur la scène publique. Elle a favorisé autant le développement de l'art oratoire que celui de l'art de la persuasion par la maîtrise de l'argumentation à travers l'échange d'une discussion. La philosophie est elle-même, selon une expression de Platon, « fille de la discussion ». Il n'est donc pas étonnant que la démocratique Athènes ait été aussi la capitale de la philosophie aux Ve et IVe siècles.

Souvenons-nous aussi de Socrate lui-même – du personnage historique plus que de l'interlocuteur de la *République*. Il exerça la philosophie d'abord en citoyen loyal d'Athènes. Socrate n'avait pas seulement l'ambition d'exhorter ses concitoyens à la vertu, il voulait aussi les réveiller de leur inertie intellectuelle et morale (voir *Apologie de Socrate*). Comment ? En s'exerçant à leur faire apparaître par une interrogation rigoureuse la faiblesse de leurs opinions et l'inconséquence de leur conduite. On peut dire que Socrate pratiquait déjà ce que Platon appelle *dialectique*, à savoir « un art méthodique d'interroger et de répondre » – selon la définition que Platon en donne par exemple dans le *Phèdre*.

Mais plus suggestive est la référence aux sophistes. Les adversaires de Socrate considéraient que celui-ci était un sophiste. Les sophistes étaient réputés pratiquer avec brio l'*éristique*, autrement dit l'art de la controverse : ils opposaient arguments à arguments sur les sujets les plus divers et démontraient avec autant de conviction un parti et puis son contraire, au point de donner le vertige à leurs interlocuteurs ou à leurs élèves. À vrai dire, cet art de la controverse est présent dès le début de la philosophie et de la science grecques (songeons, par exemple, aux fameux paradoxes de Zénon d'Élée, comme celui selon lequel Achille ne rattrapera jamais la tortue).

Quel est donc « le mal dont l'étude de la dialectique est atteinte » ? De ne pas, apparemment, se distinguer d'une vaine éristique[1].

3. La dialectique contre l'éristique (538*a*-*e*)

Socrate dénonce l'esprit avec lequel on a fini par pratiquer la dialectique. La jeunesse en particulier se laisse fasciner par le vertige dont nous parlions plus haut : pouvoir retourner en tous sens les arguments, mettre ainsi en doute toutes nos croyances, y compris la croyance qu'on puisse jamais atteindre par le *logos* (la parole ou la raison) la moindre vérité.

Il faut bien comprendre que le jeune Platon lui-même, sans doute avant de rencontrer Socrate, mais peut-être encore avant la mort de Socrate, fut séduit par cette thèse qu'il y a autant de vérités que d'opinions, qu'il n'y a rien d'autre qui *soit* que ce qui nous *paraît* être – thèse défendue brillamment par Protagoras que Platon présente au début du *Théétète*. Selon Aristote, Platon aurait même été l'élève de Cratyle, un disciple d'Héraclite, ce philosophe présocratique selon lequel rien ne demeure identique à soi et tout passe tendu sans cesse entre des contraires.

Or il en est de la jeunesse fascinée par le pouvoir d'une dialectique galvaudée et utilisée à des fins sceptiques et purement critiques, comme des enfants convenablement éduqués par leurs parents qu'ils respectent jusqu'au jour où ils apprennent de vils « flatteurs » que leurs parents ne seraient pas leurs vrais parents (538*a*). De même, nous avons été élevés dans le respect de valeurs traditionnelles qui étaient comme nos guides et nos maîtres jusqu'au jour où, sous l'influence de la sophistique en particulier, nous avons cru bon de les suspecter : « Depuis notre enfance nous avons sur le juste et le mal des préceptes sous l'empire desquels nous avons été élevés comme par des parents, et que nous suivons et respectons. » Puis « il y a d'autres maximes qui ne tendent qu'au plaisir » (538*c*-*d*).

Les propos de Platon paraissent ceux d'un réactionnaire, au sens propre de quelqu'un qui réagit à une décadence des mœurs qui s'empare de la jeunesse, décadence due à l'influence des sophistes mais, de façon plus générale, aux effets de la démocratie, de la possibilité de discuter de tout, y compris de ce qu'il y avait jusqu'alors de plus auguste et de plus sacré. Platon n'est pas si loin des adversaires de Socrate qui l'accusaient « de corrompre la jeunesse et de ne plus croire aux dieux de la cité ». Sauf que, si cette accusation était tout à fait injuste à ses yeux en ce qui concerne Socrate, elle était bel et bien valable pour de nombreux sophistes.

---

1. Voir **Documents**, texte d'Isocrate, *Contre les sophistes*, p. 122.

Platon était en effet un adversaire des sophistes, non sur le terrain de l'opinion du peuple méprisante à l'égard des intellectuels en général, mais bien sur un plan philosophique. Car certains sophistes prétendaient que ce que nous jugeons bon, beau et juste n'avait aucun fondement dans la nature des choses, dans l'être ; et que le bon, le beau, le juste n'existeraient que du fait de nos conventions, de croyances inculquées artificiellement en nous par le poids des lois, de l'éducation et de la crainte de dieux fictifs. Ainsi, le jeune séduit par de telles thèses pense que « le beau d'après le législateur *[d'après les lois et les conventions régnant dans la cité]* n'est en rien plus beau que honteux » et est « amené à la même incertitude au sujet du juste, du bien, et de tout ce qu'il avait le plus en respect » (538*d*-*e*) [voir Calliclès dans le *Gorgias*].

Athènes, l'Agora.

Autour de l'œuvre

La pensée politique de Platon

1. Périclès et les institutions athéniennes

Notre régime politique ne se propose pas pour modèle les lois d'autrui, et nous sommes nous-mêmes des exemples plutôt que des imitateurs. Pour le nom, comme les choses dépendent non pas du petit nombre mais de la majorité, c'est une démocratie. S'agit-il de ce qui revient à chacun ? La loi, elle, fait à tous, pour leurs différends privés, la part égale, tandis que pour les titres, si l'on se distingue en quelque domaine, ce n'est pas l'appartenance à une catégorie, mais le mérite, qui vous fait accéder aux honneurs ; inversement, la pauvreté n'a pas pour effet qu'un homme, pourtant capable de rendre service à l'État, en soit empêché par l'obscurité de sa situation. Nous pratiquons la liberté, non seulement dans notre conduite d'ordre politique, mais pour tout ce qui est suspicion réciproque dans la vie quotidienne : nous n'avons pas de colère envers notre prochain, s'il agit à sa fantaisie, et nous ne recourons pas à des vexations qui, même sans causer de dommage, se présentent au-dehors comme blessantes. Malgré cette tolérance, qui régit nos rapports privés, dans le domaine public, la crainte nous retient avant tout de rien faire d'illégal. [...]

Avec cela, pour remède à nos fatigues, nous avons assuré à l'esprit les délassements les plus nombreux : nous avons des concours et des fêtes religieuses qui se succèdent toute l'année, et aussi, chez nous, des installations luxueuses, dont l'agrément quotidien chasse au loin la contrariété. Nous voyons arriver chez nous, grâce à l'importance de notre cité, tous les produits de toute la terre, et les biens fournis par notre pays ne sont pas plus à nous, pour en jouir, que ne sont ceux du reste du monde.

Nous nous distinguons également de nos adversaires par notre façon de nous préparer à la pratique de la guerre. Notre ville, en effet, est ouverte à tous, et il n'arrive jamais que, par des expulsions d'étrangers, nous interdisions à quiconque une étude ou un spectacle qui, en n'étant pas caché, peut être vu d'un ennemi et lui être utile : car notre confiance se fonde peu sur les préparatifs et les stratagèmes, mais plutôt sur la vaillance que nous puisons en nous-mêmes au moment d'agir. Et, pour l'éducation, contrairement à ces gens qui établissent dès la jeunesse un entraînement pénible pour atteindre au courage, nous, avec notre vie sans contrainte, nous affrontons au moins aussi bien des dangers équivalents. [...]

Nous cultivons le beau dans la simplicité, et les choses de l'esprit sans manquer de fermeté. Nous employons la richesse, de préférence pour agir avec convenance, non pour parler avec arrogance ; et, quant à la pauvreté, l'avouer tout haut n'est jamais une honte : c'en est une plutôt de ne pas s'employer en fait à en sortir.

Une même personne peut à la fois s'occuper de ses affaires et de celles de l'État ; et, quand des occupations diverses retiennent des gens divers, ils peuvent pourtant juger des affaires publiques sans rien qui laisse à désirer. Seuls, en effet, nous considérons l'homme qui n'y prend aucune part comme un citoyen non pas tranquille, mais inutile ; et, par nous-mêmes, nous jugeons ou raisonnons comme il faut sur les questions ; car la parole n'est pas à nos yeux un obstacle à l'action : c'en est un, au contraire, de ne pas s'être d'abord éclairé par la parole avant d'aborder l'action à mener.

Thucydide, *Guerre du Péloponnèse,* livre II, chap. 37-40,
trad. J. de Romilly, Les Belles Lettres, 1955.

2. La critique platonicienne de la démocratie

Socrate – N'est-ce pas (de même) le désir insatiable de ce que la démocratie regarde comme son bien suprême qui cause aussi sa ruine ?

Glaucon – Quel est ce bien dont tu parles ?

S. – La liberté. Ce bien-là, tu entendras dire dans un État démocratique que c'est le plus beau de tous, et que pour cette raison c'est le seul État où un homme né libre puisse habiter.

G. – En effet, c'est un mot qu'on entend souvent répéter.

S. – Eh bien, et c'est là où je voulais en venir, n'est-ce pas le désir insatiable de ce bien, avec tout le reste, qui fait changer ce gouvernement et le réduit à recourir à la tyrannie ?

G. – Comment ?

S. – Quand un État démocratique, altéré de liberté, trouve à sa tête de mauvais échansons, il ne connaît plus de mesure et s'enivre de liberté pure ; alors, si ceux qui gouvernent ne sont pas extrêmement coulants et ne lui donnent pas une entière liberté, il les met en accusation et les châtie comme des criminels et des oligarques.

G. – C'est ce qu'il fait en effet.

S. – Et s'il est des citoyens qui sont soumis aux magistrats, on les bafoue et on les traite d'hommes serviles et sans caractère ; mais les gouvernants qui ont l'air de gouvernés et les gouvernés qui ont l'air de gouvernants, voilà des gens qu'on vante et qu'on prise, et en particulier, et en public. N'est-il pas inévitable que dans un pareil État l'esprit de liberté s'étende à tout ?

G. – Comment en serait-il autrement ?

S. – Et qu'il pénètre, cher ami, dans l'intérieur des familles et qu'à la fin l'anarchie se développe jusque chez les bêtes ?

G. – Comment faut-il entendre ce que tu dis là ?

S. – Je veux dire que le père s'accoutume à traiter son fils en égal et à craindre ses enfants, que le fils s'égale à son père et n'a plus de respect ni crainte pour ses parents parce qu'il veut être libre ; que le métèque devient l'égal du citoyen, le citoyen du métèque, et l'étranger de même.

G. – C'est bien ainsi que les choses se passent.

S. – À ces abus, ajoute encore les menus travers que voici. Dans un pareil État, le professeur craint et flatte ses élèves et les élèves se moquent de leurs professeurs, comme aussi de leurs pédagogues. En général les jeunes vont de pair avec les vieux et rivalisent avec eux en paroles et en actes. Les vieux, de leur côté, pour complaire aux jeunes, badinent et plaisantent à l'envie, imitant la jeunesse, pour ne pas paraître chagrin ni despote.

G. – C'est tout à fait cela.

S. – Mais, mon ami, le dernier excès où atteint l'abus de la liberté dans un pareil gouvernement, c'est quand les hommes et les femmes qu'on achète ne sont pas moins libres que ceux qui les ont achetés. Pour un peu j'allais oublier de dire à quel point l'égalité et la liberté règnent dans les rapports des femmes à l'égard des hommes et des hommes à l'égard des femmes.

G. – Pourquoi ne dirions-nous pas, selon le mot d'Eschyle, « ce que tout à l'heure on avait au bout de la langue… » ?

S. – Ma foi oui. Les bêtes mêmes qui sont soumises à l'homme sont ici beaucoup plus libres qu'ailleurs, à tel point qu'il faut l'avoir vu pour le croire. C'est vraiment là que les chiennes, comme le dit le proverbe, ressemblent à leurs maîtresses ; c'est là qu'on voit les chevaux et les ânes, accoutumés à une allure libre et fière, bousculer dans les rues tous les passants qui ne leur cèdent point le pas ; et c'est partout le même débordement de liberté.

Platon, *République*, X, 562*b*-563*d*,
d'après la trad. É. Chambry,
Les Belles Lettres, 1re éd. 1934.

3. À propos de la pensée politique de Platon dans la *République*

La République de Platon, contrairement aux utopies modernes, était peut-être conçue pour être réalisée. Elle n'était pas aussi fantastique ou impossible qu'elle pouvait le paraître. Plusieurs de ses institutions, même celles qui auraient pu nous sembler impraticables, furent, en fait, réalisées à Sparte. Le gouvernement des philosophes fut accepté par Pythagore et, au temps de Platon, Archytas le pythagoricien était un homme politique influent à Taras, la moderne Tarente, lorsque Platon visita la Sicile et le sud de l'Italie. C'était une pratique courante, alors, que les villes adoptassent un sage pour rédiger leur code pénal. Solon l'avait fait pour Athènes et Protagoras pour Thurium. Les colonies, à cette époque, étaient entièrement libérées du contrôle de leur mère patrie et il aurait été parfaitement plausible qu'un groupe de platoniciens vinssent établir la république sur les rives de l'Espagne ou de la Gaule. Malheureusement, le hasard conduisit Platon à Syracuse, une vaste cité commerçante, engagée dans une guerre désespérée contre Carthage. Dans de telles circonstances, aucun philosophe n'aurait pu prétendre parvenir à un résultat. Pour les générations suivantes, l'essor de la Macédoine réduisit tous les petits États et fit comprendre la futilité de toutes les espérances politiques en miniature.

B. Russell, *Introduction à la philosophie occidentale*,
trad. Hélène Kern, Gallimard, 1953.

Contexte culturel de l'œuvre de Platon aux Ve et IVe siècles

1. Socrate

Vous connaissez Chéréphon, je suppose : c'était mon camarade depuis mon jeune âge, et il a été aussi le vôtre, un ami du peuple [...]. Or, un jour qu'il était allé à Delphes, il eut l'audace de poser à l'oracle la question que voici – et je vous en prie, encore une fois, n'allez pas vous récrier, Athéniens. Oui, il demanda s'il existait un homme plus sage que moi. Eh bien ! la Pythie répondit que nul n'était plus sage. Et là-dessus son frère ici présent vous apportera son témoignage, puisque Chéréphon est mort.

Regardez maintenant à quoi tend ce discours : je vais vous apprendre la source des calomnies répandues sur mon compte. En effet, ce mot que je venais d'entendre, je l'ai médité en mon cœur, et je me suis dit : « Que peut bien vouloir dire le dieu, et que peut bien signifier son énigme ? Car enfin, moi, j'ai bien conscience de n'avoir de sagesse ni grande ni petite. Alors que peut-il bien vouloir dire, en déclarant que c'est moi le plus sage ? Ce qui est sûr en tout cas, c'est qu'il ne ment pas : la loi divine l'interdit. » Et pendant longtemps je n'ai pas su ce qu'il voulait dire. À la longue, et non sans beaucoup de peine, je me suis tourné vers une enquête sur le sujet, à peu près de la façon suivante : j'abordais un de ceux qui dans l'opinion passaient pour sages, avec l'idée que là ou jamais je pourrais confondre l'oracle et opposer à sa réponse cette déclaration : « Cet homme-là est plus sage que moi, et toi, tu prétends que c'est moi le plus sage ! » Je soumets donc mon homme à un examen complet – inutile de vous dire son nom : c'était un de nos hommes politiques – et de cet examen, du dialogue que j'ai eu avec ce personnage, j'ai retiré, Athéniens, à peu près l'impression suivante : il m'a semblé que cet homme paraissait sage aux autres, qui étaient nombreux, et surtout à lui-même, mais qu'en réalité il ne l'était pas. J'ai ensuite essayé de lui montrer qu'il croyait être sage sans l'être réellement. Eh bien ! c'est cela qui m'a valu la haine de ce personnage, ainsi que d'un grand nombre de ceux qui étaient présents.

En moi-même, tout en m'éloignant, je me faisais cette réflexion : « Cet homme-là, eh bien moi je suis plus sage que lui. Car il y a certes des chances que chacun de nous ne sache rien de beau ni de bon ; mais lui croit savoir quelque chose, alors qu'il ne sait rien, tandis que moi, si je ne sais rien, je ne crois pas non plus savoir. Je me fais du moins l'effet d'être plus sage que cet homme, justement par ce mince avantage que ce que je ne sais pas, je ne crois pas non plus le savoir. »

Platon, *Apologie de Socrate*, 21*a-d*,
trad. Renée et Bernard Piettre, Le Livre de poche, 1992.

2. Les sophistes

• La rhétorique au détriment de la science

Dans le dialogue qui porte son nom, Gorgias, sophiste et orateur célèbre, auteur de traités de rhétorique, répond aux questions de Socrate.

Socrate. – Dis-moi donc de la même façon, à propos de la rhétorique, de quel objet elle est la science.

Gorgias. – Des discours.

S. – De quels discours ? De ceux qui indiquent aux malades le régime à suivre pour retrouver la santé ?

G. – Non.

S. – Alors, la rhétorique n'est pas la science de tous les discours indistinctement ?

G. – Non certes.

S. – Mais tu rends tes disciples habiles à parler ?

G. – Oui.

S. – Et, sans doute, habiles aussi à penser sur les choses dont ils parlent ?

G. – Évidemment.

[...]

S. – Dis-moi donc maintenant sur quoi portent ses discours. Quelle est, parmi toutes les choses existantes, celle qui forme le sujet des discours propres à la rhétorique ?

G. – Ce sont, Socrate, les plus grandes et les meilleures d'entre les choses humaines.

S. – Mais, Gorgias, ce que tu dis là prête aux discussions et manque encore absolument de précision [...]. Fais-nous connaître quelle est cette chose que tu dis être pour l'homme le plus grand des biens, et que tu fais profession de produire.

G. – C'est celle qui est réellement le bien suprême, celle qui donne à qui la possède la liberté pour lui-même et la domination sur les autres dans sa patrie.

S. – Mais enfin qu'entends-tu par là ?

G. – J'entends le pouvoir de persuader par le discours les juges au tribunal, les sénateurs au Conseil, le peuple dans l'assemblée du peuple et de même dans toute autre réunion qui soit une réunion de citoyens [...]. Je vais essayer, Socrate, de te dévoiler clairement la puissance de la rhétorique dans toute son ampleur. Tu n'ignores certainement pas que ces arsenaux, ces murs d'Athènes et toute l'organisation de vos ports doivent leur origine pour une part aux conseils de Thémistocle et pour le reste à ceux de Périclès, mais nullement aux conseils des hommes du métier.

S. – C'est là, en effet, ce qu'on rapporte au sujet de Thémistocle et, quant à Périclès, je l'ai moi-même entendu proposer la construction du mur intérieur.

G. – Et quand il s'agit d'une de ces élections dont tu parlais tout à l'heure, tu peux constater que ce sont encore les orateurs qui donnent leur avis en pareille matière et qui le font triompher.

S. – Je le constate avec étonnement, Gorgias, et c'est pour cela que je demande depuis si longtemps quelle est cette puissance de la rhétorique. À voir ce qui se passe, elle m'apparaît comme une chose d'une grandeur quasi divine.

G. – Si tu savais tout, Socrate, tu verrais qu'elle englobe en elle-même, pour ainsi dire, et tient sous sa domination toutes les puissances. Je vais t'en donner une preuve frappante.

Il m'est arrivé maintes fois d'accompagner mon frère ou d'autres médecins chez quelque malade qui refusait une drogue ou ne voulait pas se laisser opérer par le fer et le feu, et là où les exhortations du médecin restaient vaines, moi je persuadais le malade, par le seul art de la rhétorique. Qu'un orateur et un médecin aillent ensemble dans la ville que tu voudras : si une discussion doit s'engager à l'assemblée du peuple ou dans une réunion quelconque pour décider lequel des deux sera élu comme médecin, j'affirme que le médecin n'existera pas et que l'orateur sera préféré si cela lui plaît.

Il en serait de même en face de tout autre artisan : c'est l'orateur qui se ferait choisir plutôt que n'importe quel compétiteur ; car il n'est point de sujet sur lequel un homme qui sait la rhétorique ne puisse parler devant la foule d'une manière plus persuasive que l'homme de métier, quel qu'il soit. Voilà ce qu'est la rhétorique et ce qu'elle peut.

Platon, *Gorgias*, 449*a*-456*c*,
trad. Alfred Croiset, Les Belles Lettres, 1re éd. 1923.

• Comment les sophistes, en prétendant vendre un enseignement de la vertu, ont perverti l'idée qu'on pouvait se faire de la philosophie

Si tous ceux qui s'occupent d'éducation voulaient bien dire la vérité sans faire de promesses supérieures aux résultats qu'ils doivent obtenir, ils auraient moins mauvaise réputation auprès du grand public. Mais les gens qui ont l'audace de se vanter avec trop d'irréflexion, ont fait qu'on croit trouver de plus sages résolutions chez ceux qui décident de ne rien faire plutôt que chez ceux qui consacrent leur temps à la philosophie.

Qui, en effet, ne détesterait et ne mépriserait pas en premier lieu ceux qui s'adonnent aux discussions ? Ils feignent de chercher la vérité mais, dès le début de leur programme, ils se mettent à mentir. Car, à mon avis, il est évident pour tous que prévoir l'avenir n'appartient pas à la nature humaine : nous sommes si loin d'une telle intelligence qu'Homère, l'homme le plus illustre pour sa sagesse, a même représenté les dieux délibérant parfois sur l'avenir : non qu'il connût leur pensée, mais parce qu'il voulait nous indiquer que pour les hommes c'est chose impossible. Ces sophistes en sont arrivés à une telle audace qu'ils cherchent à persuader ceux qui sont plus jeunes qu'en les fréquentant ils sauront ce qu'ils doivent faire et grâce à cette science deviendront bienheureux. Or, s'étant constitués professeurs et maîtres détenteurs de si grands biens, ils ne rougissent pas de demander pour cela seulement trois ou quatre mines. S'ils vendaient un autre objet à un prix bien inférieur à sa valeur, ils ne contesteraient pas qu'ils ne sont pas dans leur bon sens ; et quand ils mettent toute la vertu et le bonheur à si bas prix, ils prétendent être sensés et devenir les professeurs des autres !

[...] Ce n'est pas seulement eux, mais ceux qui promettent d'enseigner l'éloquence politique qu'il faut critiquer. Car ces derniers, sans se soucier aucunement de la vérité, pensent que la science consiste à attirer le plus de gens possible par la faiblesse du salaire et la grandeur des déclarations, et à recevoir d'eux quelque chose. Agissant de manière grossière, ils croient que les autres sont aussi grossiers, au point qu'écrivant leurs discours plus mal que certains profanes n'improvisent, ils promettent cependant de faire de leurs élèves des orateurs aussi habiles pour ne laisser échapper dans leurs affaires aucun argument. Dans ce pouvoir, ils n'attribuent aucune part ni à l'expérience ni aux qualités naturelles du disciple, et ils prétendent lui transmettre la science du discours de la même façon que celle de l'écriture, sans avoir examiné ce que sont ces deux choses et en se figurant que l'exagération de leurs déclarations les fera admirer eux-mêmes et fera accorder plus de valeur à l'art oratoire : ils ignorent que le progrès des arts est dû non pas aux gens qui osent se vanter à leur propos mais à ceux qui peuvent découvrir tout ce que contient chacun d'eux.

Pour moi j'aurais préféré à une grande richesse que le philosophe eût tout le pouvoir dont ils parlent.

Isocrate, *Contre les sophistes*, 1-4 et 9-11,
d'après la trad. de G. Matthieu et E. Brémond,
Les Belles Lettres, 1956.

3. Les pythagoriciens

• Sur la philosophie pythagoricienne du nombre

Ceux qu'on désigne sous le nom de pythagoriciens se consacrèrent aux mathématiques et, les premiers, contribuèrent à les promouvoir. Nourris dans cette discipline, ils estimèrent que les principes des mathématiques sont les principes de toutes les choses qui existent. Et comme de ces principes les nombres sont, par nature, les premiers, et que, dans les nombres, les pythagoriciens croyaient apercevoir une multitude d'analogies avec tout ce qui est et qui devient [...] ; comme ils voyaient, en outre, que les nombres exprimaient les propriétés et les proportions musicales ; comme, enfin, toutes les autres choses leur paraissaient, dans leur nature entière, être formées à la ressemblance des nombres, et que les nombres semblaient être la réalité primordiale de l'univers : dans ces conditions, ils ont considéré que les principes des nombres sont les éléments de tous les êtres, et que le ciel tout entier est harmonie et nombre.

Aristote, *Métaphysique* A 985*b* 33-986*a* 3,
d'après la traduction de J. Tricot, Vrin.

Considérons les effets et la nature du nombre selon le pouvoir qui réside dans la dizaine. C'est un principe grand, tout-puissant, suffisant en lui-même à tout, le premier principe et le guide de la vie des Dieux, du Ciel et des Hommes. Sans lui tout est sans limites, obscur et indiscernable. La nature du nombre est d'être un élément de référence, de direction et d'instruction dans le doute et la difficulté. Sans le nombre et sa nature, rien de ce qui existe ne serait clair pour personne, que ce soit en soi-même ou dans ses relations avec les autres choses. On peut observer que le pouvoir du nombre s'exerce non seulement dans les affaires des démons et des dieux, mais dans tous les actes et dans toutes les pensées des hommes, dans tous les métiers et dans la musique. L'harmonie et la nature du nombre n'admettent aucune inexactitude. L'inexactitude n'a rien de commun avec le nombre. Ce n'est qu'à l'illimité, à l'inintelligible qu'appartient l'inexactitude.

Philolaos, pythagoricien du Vᵉ siècle.
D'après Stobée, D-K, B XI.

• Sur l'idée qu'on se faisait de la découverte par les pythagoriciens des lois mathématiques de l'harmonie

[...] À partir d'une unique cheville, fichée à angle droit dans le mur, [...], il [*Pythagore*] tendit quatre cordes[1], faites avec la même matière, de même longueur, de même diamètre et torsadées de

1. Comme s'il s'agissait d'une lyre à quatre cordes (un tétracorde). On a tout lieu de penser que cette expérience est totalement fictive.

même façon ; il attacha à chaque corde un poids en le faisant pendre, après s'être assuré que chaque corde était rigoureusement égale. Puis en frappant les cordes tout à tour deux à deux, il découvrit les susdites harmonies, une harmonie différente pour chaque couple de cordes. Il constata en effet que le son produit par la corde tendue par le poids le plus grand, comparé au son produit par la corde tendue par le poids le plus petit, donnait l'octave ; l'une des cordes supportait un poids de 12 unités, l'autre de 6. Par suite il détermina que l'accord de l'octave consistait dans un rapport double[1]. Ensuite, il montra que le poids le plus lourd avec le poids qui se trouvait juste avant le plus petit, c'est-à-dire le poids de 8 unités, produisit comme accord la quinte ; à partir de là, il montra que l'accord de la quinte consistait dans un rapport hémiole[2], à savoir la proportion qu'entretenaient les poids entre eux. Enfin, par rapport au poids qui se trouvait juste après le plus grand, et qui consistait en neuf unités de mesure, c'est la quarte qui était produite, proportionnellement à ces poids. Il trouva que cet accord consistait évidemment dans le rapport épirite avec la corde la plus tendue[3], et dans un rapport hémiole avec la corde la moins tendue[4].

Jamblique, *Vie de Pythagore* , § 115-117,
trad. L. Brisson et A. Ph. Segonds, Aubier, 1996.

• Sur l'idée qu'on se faisait de la portée cosmologique que les pythagoriciens donnaient à ces lois de l'harmonie

[...] Considérant que l'on commence de prendre soin des hommes par la sensation, en leur faisant voir des formes et des figures belles, et en leur faisant entendre de beaux rythmes et de belles mélodies, il [*Pythagore*] faisait commencer l'éducation par la musique, par certaines mélodies et certains rythmes, grâce auxquels il produisait des guérisons dans le caractère et dans les passions des hommes, ramenait l'harmonie entre les facultés de l'âme, comme elles étaient à l'origine... [...] À lui-même, en revanche, il n'appliquait pas la même méthode, au moyen d'instruments ou de la voix, mais mettant à profit une supériorité divine indicible et difficile à comprendre, il tendait son ouïe et fixait son intellect sur les accords célestes de l'univers : lui seul, à ce qu'il paraissait, entendait et com-

1. Le rapport est de 12/6, soit 2/1.
2. Un rapport *hémiole* définit un rapport de n + n/2. Ici, il s'agit d'un rapport de 12/8, soit 3/2.
3. Un rapport *épirite* définit un rapport de n + n/3. Ici, il s'agit d'un rapport de 12/9, soit 4/3.
4. C'est-à-dire 9/6, soit 3/2.

prenait l'harmonie et l'unisson universels des sphères et des astres qui se trouvaient en elles.

Jamblique, *Vie de Pythagore*, § 64-65,
trad. L. Brisson et A. Ph. Segonds, Aubier, 1996.

• Sur l'évolution de la science astronomique grecque depuis ses origines jusqu'à Platon

Voici ce qu'écrit à ce sujet Plutarque à propos du désastre militaire de Syracuse provoqué, entre autres, par une éclipse de lune qui suscita l'effroi du général Nicias et de son armée, au moment où celle-ci s'apprêtait à embarquer pour changer de place et tromper l'ennemi.

L'éclipse inspira une grande terreur à Nicias et à tous ceux qui, par ignorance ou superstition, s'effrayaient de cette sorte de phénomène. À cette époque, la plupart des gens comprenaient déjà plus ou moins que l'obscurcissement du soleil, qui peut avoir lieu vers la fin du moins, provient de la lune mais, pour la lune elle-même, alors qu'elle est dans son plein, par suite de quelle rencontre et comment elle perd soudain sa clarté et passe par toutes sortes de teintes, voilà ce qui n'était pas facile à comprendre ; aussi voyait-on un phénomène extraordinaire et comme un signe précurseur de grandes calamités, envoyé par les dieux. Le premier de tous à avoir traité par écrit au sujet des phases de la lune avec beaucoup de netteté et de hardiesse, à savoir Anaxagore, n'était pas lui-même bien ancien à cette date, et son ouvrage, loin d'être répandu dans le public, était encore tenu bien secret et circulait entre un petit nombre d'initiés qui ne le communiquaient qu'avec circonspection et à des personnes sûres. En effet on ne supportait guère les physiciens et ceux qu'on appelait les *météorologues*, parce qu'en rapportant tout à des causes dépourvues de raison, à des forces aveugles et à des événements nécessaires, ils sapaient la puissance divine. C'est ainsi que Protagoras fut exilé, qu'Anaxagore, jeté en prison, ne fut sauvé qu'à grand-peine par Périclès, et que Socrate, tout étranger qu'il était à ce genre de recherches, mourut cependant pour crime de philosophie. Plus tard, la brillante doctrine de Platon, due à l'homme même, et aussi au fait qu'il subordonnait les nécessités physiques aux principes divins et souverains, dissipa les préventions contre ces études et ouvrit à tous la voie des sciences.

Plutarque, « Vie de Nicias », *Vie des hommes illustres*,
trad. R. Flacelière et É. Chambry,
Les Belles Lettres, 1re éd. 1957.

Pythagore démontrant la nature mathématique des rapports sonores. Gravure du XVe *siècle.*

Autour de l'allégorie de la caverne

1. Connotations religieuses ou mystiques de l'allégorie de la caverne

Il s'agit d'un thème qui n'est pas nouveau – non pas, sans doute, dans l'œuvre de Platon, mais dans la pensée grecque, où il a derrière lui toute une histoire, que Platon n'ignorait pas. [...]

À l'arrière-plan se devine toute une série de traditions et de légendes : c'est l'antre de Zeus, tel qu'il figure, par exemple, dans l'*Hymne à Hermès* [...], c'est la caverne orphique de la Nuit ; c'est celle qui joue un rôle si important dans le culte de Mithra[1].

Il y a là un cas particulier d'un phénomène très général en histoire des religions. Comme le bois obscur où règne une ambiance mystérieuse se montre favorable à l'évocation du sentiment du sacré – Sénèque, dans une de ses *Lettres à Lucilius*, l'avait bien senti – la grotte, depuis la préhistoire la plus lointaine, est un lieu propice aux révélations, aux apparitions ; un lieu où, dans l'ombre humide et inquiétante, s'éprouve aisément le contact d'un monde surnaturel. [...] Et nous devons à Radin un excellent exemple qui souligne le prestige religieux de la grotte chez les primitifs[2].

Les néo-pythagoriciens ont hérité de beaucoup de ces traditions ; et l'on a pu penser que s'ils ont faite souterraine leur basilique romaine de la Porte-Majeure, c'était sans doute pour échapper aux regards, mais aussi pour réaliser un *éclairage* analogue à celui de la caverne de la *République*, où ils reconnaissaient assez d'inspirations pythagoriciennes pour pouvoir s'en réclamer[3].

Depuis que ces lignes ont été écrites, la question, sur ce point, a été renouvelée par les travaux de M. Paul Faure, explorateur des cavernes crétoises. Il a montré [...] que la description faite par Platon convient tout à fait à l'une des plus célèbres cavernes de Crète : celle du mont Ida, « l'antre de la nativité et de l'enfance de Zeus », ouverte à 1 538 mètres d'altitude au flanc de la montagne, et où se célébraient des mystères[4].

P.-M. Schuhl, *La Fabulation platonicienne*, PUF, 1947, pp. 46-47.

1. Grande divinité perse, célébrée par de nombreux cultes à travers toute l'Antiquité.
2. P. Radin, *La Religion primitive*, Paris, 1941, pp. 179-181 : on y voit comment Denté, dieu des Éwé (Togo du sud), alla s'installer dans une caverne de la montagne, et s'y fit apporter des présents par les habitants de la ville voisine.
3. Voir J. Carcopino, *La Basilique pythagoricienne de la Porte-Majeure*, Paris, 1927, pp. 212-223.
4. P. Faure, *Le Mythe platonicien de la caverne et la Crète*, 1962. Comme la caverne de la *République*, celle de l'Ida a une large ouverture (27 m x 9,60 m) ouverte à la lumière du soleil levant. Elle descend en pente rapide de l'extérieur vers l'intérieur et était pourvue d'un autel pour holocaustes : il y reste même un énorme tas de cendres.

2. Sur le thème de la projection des ombres dans la caverne

Mais on peut considérer aussi les ombres de la caverne comme la projection d'un autre spectacle, familier aux Athéniens : les tableaux vivants, relatifs à l'histoire de Déméter et de Coré, que comportaient les initiations éleusiniennes, et dont l'éclat éblouissait les mystes[1]. J. Przyluski est arrivé à cette idée par la voie comparative [...]. Il rapprochait le dispositif de la caverne platonicienne des théâtres d'ombres de l'Extrême-Orient, du *wayang javanais* par exemple ; il ajoutait cette remarque suggestive : « D'après les plus anciens témoignages indiens relatifs au théâtre d'ombres, les représentations avaient lieu *dans des cavernes*[2]. » Platon aurait donc décrit un spectacle faisant « probablement partie de cérémonies religieuses comme celles qu'on célébrait lors de l'initiation aux mystères ». Le jeu des ombres reprendrait ainsi la valeur religieuse que, comme tant d'autres jeux, il dut avoir à l'origine [...]. D'autres analogies, non moins surprenantes, ont été notées entre d'anciens mythes grecs et des légendes extrême-orientales. On ne peut, pour l'instant, que prendre note de toutes ces remarques en attendant qu'un jour on en puisse faire un examen d'ensemble.

Ibid.

1. On célébrait à Éleusis, à côté d'Athènes, en l'honneur de Déméter (Coré est le nom de sa fille), des *mystères*, c'est-à-dire des cérémonies initiatiques au cours desquelles le *myste* (l'aspirant à l'initiation) contemplait des tableaux, des scènes ayant trait à l'histoire de Déméter ou de divinités apparentées.
2. Paris, 1937. C'est en lisant l'*Aksyupanisad* que l'auteur pensa spontanément à la caverne de Platon : le délivré vivant y est « comparé à un homme placé dans une lanterne magique, il voit non plus seulement les apparences, mais la cause qui les produit ».

Wayang : Théâtre d'ombres javanais. Marionnettes en peau de buffle.

Une interprétation religieuse de l'allégorie de la caverne : « La lumière vint au monde et les hommes préférèrent cependant les ténèbres à la lumière. » Gravure de Saendran (1604).

Accueil et postérité

Que peut nous apporter, aujourd'hui encore, la lecture du livre VII de la *République* ? Elle nous invite à une conversion de l'intelligence.

La conversion de l'intelligence à laquelle nous invite la lecture de Platon, et que *décrit* l'allégorie de la caverne, consiste à inverser nos critères d'évidence : les réalités matérielles et corporelles – qui nous semblent bien plus « réelles » que les « chimères » du vrai, du bien, du beau, du juste, du divin... – sont celles qui, en réalité, sont des chimères et des *apparences.* C'est ainsi que nos désirs portant sur les réalités apparemment bien concrètes d'ici-bas (l'argent, les honneurs, la puissance, les biens matériels, la beauté et la santé du corps...) sont déçus : car nous ne poursuivons alors, tel Don Quichotte, que des fantômes de réalités. Ce qui, au contraire, semble « irréel », n'être qu'une pure fiction de l'esprit, à savoir les *Idées* (du vrai, du bien, du beau, du juste...), constitue en revanche la *véritable* réalité, plus véritable que les êtres et les objets sensibles.

La connaissance de la vérité ne relève pas pour autant d'une vision mystique ou d'une intuition philosophique mystérieuse, en dépit du langage initiatique qu'utilise Platon (la montée hors de la caverne ressemble en effet à une progression initiatique par degrés jusqu'à la révélation du dieu). Elle est plutôt le terme d'une ascèse inlassable de l'intelligence, de la *raison.* Ce sont d'ailleurs les mathématiques qui aident le mieux à saisir la nécessité de cette conversion : les objets mathématiques n'existent pas dans la nature visible et sensible.

Platon inaugure ainsi toute une tradition rationnelle de la philosophie occidentale. Mais il se situe en même temps aux antipodes du matérialisme et du positivisme modernes. Le danger de ces « philosophies » est en effet de nous conforter dans des certitudes rassurantes qui reposeraient sur les seuls acquis des sciences positives, des mathématiques, de la physique mathématisée, etc., et sur les données « objectives » de l'expérience. La science n'épuise pas notre quête de vérité ; la philosophie est une quête inlassable des fondements et, par exemple, des fondements des mathématiques et de la science elles-mêmes. Mais la raison est-elle à même d'atteindre le fondement suprême de la science, que Platon appelle le bien (Dieu) ?

Aussi, depuis que Dieu est mort, comme l'a annoncé Nietzsche, n'est-ce pas le platonisme qui est mort, et avec lui cette volonté d'atteindre, par la raison, la vérité (ou des vérités premières) qui fondent à la fois la science et l'éthique ? « À quoi bon vouloir *la* vérité » à tout prix ? demande Nietzsche. Il n'y a pas de vérité, seulement des « interprétations », des vérités qui ont plus ou moins de valeur au regard de la vie et qui ne sont peut-être pas compatibles avec le bien ni avec le bonheur, et qui sont rien moins que divines.

On peut certes retourner à Nietzsche la critique qu'il adresse au platonisme, et par là à toute une tradition philosophique confondant vérité et bien, vérité et Dieu : n'est-ce pas encore, même chez Nietzsche, cette exigence de vérité et de probité « à tout prix » qui nourrit un certain ressentiment à l'égard de Socrate et de Platon ? Ce que Heidegger met en évidence, peut-être d'une façon plus radicale que Nietzsche, c'est que la vérité à laquelle Platon prétend aspirer est sans voile et sans ombre, et ne constitue rien moins qu'une norme à laquelle on veut soumettre impérieusement l'existence : pour Heidegger, Platon inaugure cette tradition métaphysique et scientifique de l'Occident qui a voulu réduire le mystère de l'être à la clarté d'essences parfaitement lumineuses et connaissables pour notre raison.

1. Karl Jaspers : la postérité de l'allégorie de la caverne et de l'idéal métaphysique qu'elle symbolise

Historiquement, la théorie des Idées survit en une simplification belle mais insuffisante, comme royaume des essences éternelles, monde des archétypes de toutes choses, comme ce qui se révèle dans les visions des poètes et des artistes, et dans la validité de concepts immuables. Sous l'aspect de la triade du beau, du bien et du vrai que Platon a définie le premier, elle est passée dans nos langues comme une expression courante.

Allégorie de la caverne. La théorie des Idées a trouvé son expression la plus frappante dans la célèbre allégorie de la caverne (*République*, livre VII, 514 *sq.*), image de notre condition humaine et interprétation de l'activité et de la connaissance que l'homme peut avoir dans cette situation.

Les interférences de cette allégorie sont étonnamment riches : – le symbole des mondes et des modes de la connaissance qui leur sont propres ; – celui des deux genres de vie différents et des deux sortes d'aveuglement dont les causes sont opposées ; – celui des modes de la vérité ; – celui de l'ascension (acte transcendant) en tant qu'essence de l'être et du savoir humains. Nous renonçons à en reproduire les interprétations, aussi bien celles que Platon en donne lui-même que tout ce qui s'y est ajouté. Bien des auteurs ont jugé l'allégorie trop rigide, trop compliquée, trop pédante. Un développement scolaire des interprétations dans le détail peut bien donner un instant cette impression. Mais, dans l'ensemble, allégorie et interprétations sont inoubliables. C'est un chef-d'œuvre d'invention philosophique pour donner consistance à des pensées qui échappent à l'expression directe.

Certains éléments du récit ont passé dans l'histoire : les hommes, prisonniers dans une caverne, la métaphysique de la lumière au Moyen Âge, le soleil créateur de toute vie. Nous choisirons certains points de l'allégorie qui définissent partout la pensée platonicienne [...].

La théorie des degrés. La connaissance procède par degrés. De la perception sensible, elle parvient à la pensée pure (dans les mathématiques) – de la pensée pure à l'Idée (de la connaissance mathématique à la science dialectique) – de l'Idée à l'au-delà de l'être (des Idées à l'Idée du bien). [...]

Les degrés sont, selon chacun de leurs aspects, degrés de la connaissance, degrés du comportement humain dans son ensemble, degrés de l'être. Leur voie est à la fois approfondissement de la connaissance, autonomie conquise dans la pureté de l'âme, accès à la contemplation suprême.

Quand nous nous attardons sur les premiers degrés, nous avons tendance à parler comme si les degrés supérieurs n'existaient pas. Ce que nous en disons n'aura cependant de vérité qu'en vertu de la direction indiquée par les degrés suivants. Qu'elle fasse défaut, et il ne restera plus que l'oscillation perpétuelle de vains propos. Nous demeurons alors désemparés et butés, car ce qui nous manque, c'est la parenté intime avec le contenu substantiel de ce qui devrait tout diriger, si l'on veut que règne la vérité.

Deux directions nécessaires à la vie humaine. L'âme pensante voit s'ouvrir devant elle deux directions : celle qui du monde des phénomènes conduit dans le monde éternel (*Phédon*), et celle qui l'en fait revenir pour considérer à nouveau le monde des phénomènes [...]. Dans la philosophie platonicienne, s'accomplit cette double démarche : philosopher en prenant l'être d'abord comme visée et ensuite comme point de départ. L'homme est ici dans le monde. Il faut qu'il vise *ailleurs*, au-delà du monde afin que, touchant à l'essentiel, il soit lui-même essentiel. Alors succède à cet essor de la pensée le retour dans ce monde [...].

S'écarter de la vie de la cité vers les régions éternelles crée le devoir de revenir à la vie politique *(République, Lois).* L'élan platonicien ne conduit pas à l'abandon du monde, à une extase sans communication, à une déification.

[...] La philosophie de Platon désigne à l'homme sa tâche dans le monde. Mais cette tâche, il ne peut l'accomplir que parce qu'il est chez lui dans cette région supracéleste d'où lui viennent ses critères et sa loi.

K. Jaspers, *Les Grands Philosophes,*
trad. J. Hersch, tome 2, Pocket, 1994, coll. « Agora », pp. 85-92.

2. Max Weber : Platon, ou un idéal de la science (illustré par l'allégorie de la caverne) qui serait révolu ?

Quelle est *la vocation de la science* dans l'ensemble de la vie [...] humaine et quelle est sa valeur ?

Or sur ce point, énorme est le contraste entre le passé et le présent. Rappelez-vous la merveilleuse allégorie du début du septième livre de la *République* de Platon, les prisonniers enchaînés de la caverne. Leur visage est tourné vers la paroi du rocher qui se dresse devant eux ; dans leur dos, la source de lumière qu'ils ne peuvent pas voir ; ils sont condamnés à ne s'occuper que des ombres que celle-ci projette sur la paroi, sans autre possibilité que celle de scruter les relations qui existent entre ces ombres. Et puis l'un d'eux réussit à briser ses chaînes ; il se retourne et voit le soleil. Ébloui, il tâtonne, il va en tous sens et il balbutie à la vue de ce qui se présente à lui. Ses compagnons le prennent pour un fou. Petit à petit il s'habitue à regarder la lumière. Cette expérience faite, son devoir est de redescendre parmi les prisonniers de la caverne afin de les conduire vers la lumière. Il est le philosophe, et le soleil représente la vérité de la science dont le but n'est pas seulement de connaître les apparences et les ombres, mais aussi l'être véritable.

Mais qui donc adopte encore de nos jours pareille attitude devant la science ? La jeunesse en particulier éprouve plutôt aujourd'hui un sentiment inverse : les constructions intellectuelles de la science constituent à ses yeux un royaume irréel d'abstractions artificielles qui s'efforcent de recueillir dans leurs mains desséchées le sang et la sève de la vie réelle, sans jamais pourtant y réussir. On croit de nos jours que c'est justement dans cette vie qui, aux yeux de Platon, n'était qu'un jeu d'ombres sur la paroi de la caverne, que palpite la vraie réalité : tout le reste, estime-t-on, n'est que fantômes inanimés, détournés de la réalité, et rien d'autre. Comment s'est opérée cette transformation ? L'enthousiasme passionné de Platon dans la *République* s'explique en dernière analyse par le fait qu'à cette époque on avait découvert le sens de l'un des plus grands instruments de toute connaissance scientifique : le *concept*. Le mérite en revient à Socrate qui en saisit tout de suite l'importance. Mais il ne fut pas seul dans le monde à l'avoir compris. Dans les écrits hindous, on peut trouver des éléments d'une logique tout à fait analogue à celle d'Aristote. Mais nulle part ailleurs qu'en Grèce on ne trouve cette conscience de l'importance du concept. Ce furent les Grecs qui, les premiers, surent utiliser cet instrument, qui permettait de coincer quelqu'un dans l'étau de la logique de telle sorte qu'il ne pouvait s'en sortir qu'en reconnaissant, soit qu'il ne savait rien, soit que telle affirmation représentait la vérité et non une autre, une vérité *éternelle* qui ne s'effacerait jamais comme l'action et l'agitation aveugle des hommes. Ce fut là une expérience extraordinaire qui trouve son épanouissement chez les disciples de Socrate. On crut qu'on en pouvait tirer la conséquence qu'il suffisait de découvrir le vrai concept du beau, du bien ou par exemple celui du courage ou de l'âme – ou de tout autre objet – pour être alors à même de comprendre aussitôt leur être véritable. Connaissance qui, à son tour, permettrait de savoir et d'enseigner comment on doit agir correctement dans la vie, et avant tout en tant que citoyen. En effet, chez les Grecs, qui ne pensaient qu'à travers la catégorie de la politique, tout se ramenait à cette question. Voilà les raisons qui les amenèrent à s'occuper de la science.

M. Weber, *Le Savant et le politique*,
trad. J. Freund, U.G.E., 1959, « 10/18 », pp. 72-73.

3. Nietzsche

• La distinction platonicienne entre le monde de la vérité et le monde de l'*apparence*, un symptôme de décadence

L'homme cherche la *vérité* : un monde qui ne se contredirait pas, qui ne trompe ni ne change, un monde-*vérité* – un monde où l'on ne souffre pas : contradiction, illusion, changement – causes de la souffrance ! Il ne doute pas qu'il n'y ait un monde tel qu'il doit être ; il voudrait s'ouvrir un chemin jusqu'à lui. Où l'homme cherche-t-il ici l'idée de *réalité* ? – Pourquoi fait-il dériver précisément la *souffrance* du changement, de l'illusion, de la contradiction ? Pourquoi n'en fait-il pas plutôt dériver son bonheur ?...

Le mépris, la haine de tout ce qui passe, change et se transforme : d'où vient cette évolution de ce qui demeure ? Visiblement la volonté du vrai n'est ici que le désir d'un monde où tout serait *durable.*

Les sens trompent, la raison corrige les erreurs : *par conséquent,* ainsi décidait-on, la raison est le chemin vers ce qui est durable ; les idées où il y avait le *moins de sens* devaient être celles qui étaient le plus près du *monde-vérité.* – C'est des sens que viennent la plupart des coups du malheur, – ils sont trompeurs, suborneurs, destructeurs.

Le *bonheur* ne peut être garanti que par ce qui est : le changement et le bonheur s'excluent l'un l'autre. C'est donc l'ambition la plus haute que d'envisager l'identification avec l'être. C'est là *la formule* qui enseigne le chemin du plus grand bonheur.

En résumé : le monde tel qu'il devrait être existe ; ce monde-ci, le monde dans lequel nous vivons, est une erreur – ce monde, qui est le nôtre, ne devrait pas exister.

La croyance en l'être s'affirme seulement comme une conséquence : le véritable mobile premier, c'est le manque de foi en le devenir, la méfiance à l'égard du devenir, le mépris du devenir...

Quelle espèce d'hommes raisonne ainsi ? Une espèce improductive et *souffrante*, une espèce fatiguée de la vie. Si nous nous imaginions l'espèce d'hommes contraire, elle n'aurait pas besoin de la croyance en l'être : mieux encore, elle mépriserait l'être comme quelque chose de mort, d'ennuyeux, d'indifférent...

Nietzsche, in *Volonté de puissance*,
§ 285 de la trad. H. Albert,
Mercure de France, 1923.

• Pourquoi vouloir la vérité à tout prix ?

La science elle-même repose sur une croyance ; il n'est pas de science sans postulat. « La science est-elle nécessaire ? » Il faut, pour qu'elle puisse se former, que cette question ait reçu auparavant une réponse non seulement affirmative, mais affirmative à tel point qu'elle exprime ce principe, cette foi, cette conviction : « Rien n'est plus nécessaire que le vrai ; rien, à son prix, n'a d'importance que secondaire. » Qu'est-ce que cette volonté absolue de vérité ? Est-ce volonté de ne pas se laisser tromper ? Est-ce volonté de ne pas tromper soi-même ?

[...]« Vouloir la vérité ne signifie (donc) pas "vouloir ne pas se laisser tromper", mais – et il n'y a pas d'autre choix – vouloir ne pas tromper les autres ni soi-même », ce qui nous ramène au domaine moral.

Qu'on se demande sérieusement en effet : « pourquoi vouloir ne pas tromper ? » surtout s'il semble – et c'est bien le cas – que la vie soit établie en vue de l'apparence, j'entends qu'elle vise à égarer, à duper, à dissimuler, à éblouir, à aveugler [...].

« Vouloir le vrai » ce pourrait être, secrètement, vouloir la mort. En sorte que le pourquoi de la science se ramène à un problème moral : pourquoi d'une façon générale toute morale, quand la vie, la nature, l'histoire sont immorales ? Sans aucun doute qui veut le vrai, au sens intrépide et suprême que suppose la foi dans la science, *affirme par cette volonté même un autre monde* que celui de la vie, de la nature et de l'histoire ; et dans la mesure où il affirme cet « autre monde », ne nie-t-il pas nécessairement du même coup son antipode : ce monde, le nôtre ?

Mais on aura compris où je veux en venir : c'est sur une foi métaphysique que repose encore notre foi dans la science ; chercheurs de la connaissance, impies, ennemis de la métaphysique, nous empruntons encore nous-mêmes notre feu au brasier qui fut allumé par une croyance millénaire, cette foi chrétienne, qui fut aussi celle de Platon, pour qui le vrai s'identifie à Dieu et pour qui toute vérité est divine… Mais si cela devient de plus en plus incroyable ? Si rien ne s'avère plus divin, hormis l'erreur, l'aveuglement, le mensonge ? Et s'il appert que Dieu lui-même a été notre plus grand mensonge ?

Nietzsche, *Le Gai Savoir*, § 344,
trad. A. Vialatte, Gallimard, 1950.

• Platon ou Nietzsche ?

Platon a inventé la philosophie : il a défini ce que la culture désormais va entendre par *raison*. De la sorte, il a dessiné le cadre à l'intérieur duquel la pensée « méditerranéenne-occidentale » construira ses valeurs et développera son progrès. Les concepts de *sens légitimé*, d'*universalité*, de *vérité*, de *fondement*, d'*ordre juste* – dans la double signification de la justesse et de la justice – de *correspondance*, au moins revendiquée, entre *théorie* et *pratique* et quelques autres, qui sont éléments constituants de la rationalité, les dialogues platoniciens en déterminent, pour la première fois, d'une manière insistante et claire, la compréhension et la portée […].

Pour sortir du platonisme, il faut admettre cette éventualité extrême : que la raison même ne soit pas cette valeur omnipotente et omniprésente, juge de toute pensée, de tout discours, de toute conduite… C'est précisément cette éventualité que signale, semble-t-il, Nietzsche.

F. Châtelet, *Platon*, Gallimard, 1965, pp. 243- 245.

4. Martin Heidegger : le dépassement de la métaphysique suppose l'abandon de la conception platonicienne de la vérité présentée dans ses grandes lignes par le mythe de la caverne

La « philosophie » qui commence ainsi avec Platon a désormais le caractère de ce qu'on appellera plus tard « métaphysique ». Platon nous présente lui-même, dans ses grandes lignes, la figure de la métaphysique, précisément dans cette histoire qui constitue le « mythe de la caverne ». Dans le récit de Platon, le mot même de « métaphysique » se trouve déjà préformé. Là où il nous montre (516) comment le regard peut s'habituer à la vue des idées, Platon dit (516*c*, 3) : la pensée va *μετ' ἔκεινα*, « au-delà » des choses perçues là-bas et qui ne sont qu'ombres et images, elle va *είς ταῦτα*, « vers » celles-ci, à savoir les « idées[1] ». Les idées forment le suprasensible, qui est saisi par un regard non sensible ; elles constituent cet être de l'étant qui échappe aux organes du corps. Et suprême dans le domaine suprasensible est cette idée qui, en tant qu'Idée de toutes les idées, demeure la cause de la consistance et de l'apparition de tout ce qui est. Étant ainsi la Cause universelle, elle est également « l'Idée » qu'on nomme « le bien ». Cette Cause première et suprême est appelée par Platon, et à sa suite par Aristote, *το θεῖον*[2], le divin. Depuis que l'être a été interprété comme *ίδεα*[3], la pensée tournée vers l'être de l'étant est métaphysique, et la métaphysique est théologique. Par « théologie » il faut entendre ici, et l'interprétation pour laquelle la « cause » de l'étant est Dieu, et le transfert de l'être dans cette cause, qui contient en soi l'être et le fait jaillir de soi, parce qu'elle est, de tout ce qui est, l'Étant maximum.

Cette même interprétation de l'être comme *ιδεα*, qui doit son succès à un changement dans l'essence de l'*άλήθεια*[4], implique que le regard tourné vers les idées possède une excellence spéciale. À cette excellence répond le rôle de la *παιδέια*[5], de la « formation » de l'homme. La métaphysique tout entière est régie par le souci de l'être de l'homme et de sa position au milieu de tout ce qui est.

Le début de la métaphysique, qui s'observe dans la pensée de Platon, est en même temps le début de l'« humanisme ». Ce mot doit être ici pensé en mode essentiel, donc en son acception la plus large. « Humanisme » désigne alors le processus – lié au début, au développement et à la fin de la métaphysique – par lequel l'homme, dans des perspectives chaque fois différentes, mais toujours sciemment, se place en un centre de l'étant, sans être encore lui-même, pour autant, l'Étant suprême. L'« homme » veut dire ici, soit l'humanité ou l'une

1. *μετ' ἔκεινα*, c'est-à-dire *meta ekeina*, « au-delà des choses perçues ici-bas ». Or on retrouve la préposition *meta* (« au-delà, après ») dans le mot *métaphysique* (« au-delà des sciences de la nature »).
2. *Theion* : « divin ».
3. *Idea* : « Forme » ou « Idée ».
4. *Aletheia* (la « vérité ») signifie à l'origine « dévoilement » (*a*, « dé », et *letheia*, « -voilement »). Selon Heidegger, Platon oublie ce sens originel qui implique que la vérité se manifeste comme voilée, avec une part inéluctable d'obscurité. Avec Platon, la vérité est pensée comme ce qui a les contours précis d'une forme (*idea*), et ce qui se donne à nu, avec éclat, à la vue de la pensée. C'est, selon Heidegger, simplifier le rapport de l'homme à la vérité, s'éloigner d'un rapport de présence et d'écoute à l'égard de la venue et de l'éclosion de la vérité.
5. *Paideia* : « éducation, formation ».

de ses cultures, soit l'individu ou une communauté, soit le peuple ou un groupe de peuples. Il s'agit toujours, en partant d'une constitution métaphysique bien arrêtée de l'étant, de permettre à l'« homme », tel qu'il résulte de cette constitution, à l'*animal rationale*, de libérer ses possibilités, de parvenir à la certitude de sa destinée et à la mise en sûreté de sa vie [...].

Le « mythe de la caverne » nous ouvre les yeux sur ce qui, dans l'histoire de cette partie de l'humanité qui a reçu l'empreinte occidentale, constitue maintenant, et constituera encore à l'avenir, l'événement proprement historique : conformément à la définition de la vérité comme exactitude de la représentation, l'homme pense tout ce qui est suivant des « idées » et apprécie toute réalité d'après des « valeurs ». Ce qui seul importe, ce qui est décisif en premier lieu, ce n'est pas de savoir quelles idées et quelles valeurs sont établies et acceptées, mais bien que d'une façon générale le réel soit interprété d'après des « idées », que d'une façon générale le « monde » soit soupesé d'après des « valeurs ».

M. Heidegger, « La doctrine de Platon sur la vérité »,
in *Questions II*, trad. Bréa, Gallimard, pp. 160-162.

Bibliographie commentée

Principales œuvres de Platon

Apologie de Socrate, Criton, Phédon, présentation et traduction B. et R. Piettre, Le Livre de Poche, Hachette, 1992.

Gorgias, trad. M. Canto, GF-Flammarion, 1987.

Ménon, présentation, traduction et commentaires B. Piettre, Nathan, 1990, coll. « Les Intégrales de philo ».

Le Banquet, présentation, traduction et commentaires de B. et R. Piettre, Nathan, 1998, 1998, coll. « Les Intégrales de philo ».

Phèdre, trad. L. Brisson, GF-Flammarion, 1989.

Protagoras, présentation et commentaires de P. Pellegrin, coll. « Les Intégrales de philo », Nathan, 1993.

République, trad. P. Pachet, Gallimard, Folio, 1993.

Timée, trad. L. Brisson, GF-Flammarion, 1992.

Études critiques

Ouvrages généraux, d'accès facile, sur l'œuvre et la pensée de Platon

ALEXANDRE M., *Lecture de Platon,* Bordas, 1961.

BRUN J., *Platon et l'Académie,* PUF, coll. « Que sais-je ? », 1963.

CHÂTELET F., *Platon,* Gallimard, coll. « Idées », 1965.

Ouvrages généraux un peu plus spécialisés sur Platon

JOLY H., *Le Renversement platonicien,* Vrin (1974), 1980.

MOREAU J., *Le Sens du platonisme,* Les Belles Lettres, 1967.

ROBIN L., *Platon,* PUF (1935), 1968.

SCHUHL P.-M., *L'Œuvre de Platon,* Hachette (1954), 1967.

Ouvrages sur l'aspect épistémologique de la philosophie de Platon

BRISSON L. et MEYERSTEIN W., *Inventer l'Univers,* Les Belles Lettres, 1995.

CAVEING M., *La Constitution du type mathématique de l'idéalité dans l'Antiquité grecque,* t. II et III, Presses Universitaires de Lille, 1997-1998.

Ouvrages sur l'aspect politique de la philosophie de Platon

EDMOND M.-P., *Le Philosophe-roi*, Payot, 1991.

STRAUSS L., *La Cité et l'Homme* (1964), trad. fr. O. BERRICHON-SEYDEN, Presse Pocket, 1987.

TERRAY E., *La Politique dans la caverne,* Le Seuil, 1990.

Ouvrages sur l'aspect théologique de la pensée de Platon

FESTUGIÈRE L., *Contemplation et vie contemplative selon Platon,* Vrin (1936), 1975.

GOLDSCHMIDT V., *La Religion de Platon* (1949) in *Platonisme et pensée contemporaine,* Aubier, 1970.

Ouvrages plus spécialement consacrés à la *République*, livres VI et VII

DEFRANCE Y., *Pour interpréter Platon. Bilan analytique des études* (1804-1984). *Sur la ligne en* République VI *(509d-511c) et la caverne,* Les Belles Lettres-Bellarmin, Paris-Montréal, 1987.

ROBIN L., *Les Rapports de l'être et de la connaissance d'après Platon,* PUF, 1957.

Ouvrages sur le contexte historique et culturel de l'œuvre de Platon

BRUNSCHWICG J., LLOYD G., PELLEGRIN P., *Le Savoir grec,* Flammarion, 1996. Dictionnaire critique.

CANTO-SPERBER M., BARNES J., BRISSON L., BRUNSCHWIG J., VLASTOS G., *La Philosophie grecque,* PUF, 1997.

FARRINGTON B., *La Science dans l'Antiquité,* Payot, coll. « P.b.P. »,1967.

MOSSÉ Cl., SCHNAPP-GOURBEILLON A., *Précis d'histoire grecque,* Armand Colin, 1990.

Titres disponibles dans la collection

Crédit photographique :
Archives Nathan : 15.
Atlas-Photo : Ensky 114/115 ; Lenars 130 ;
Leprochon 79. Bibliothèque Nationale Paris : 42.
Giraudon : 41, 127.
Rapho : Michaud 104. Snark International : B.N. 131.

Édition : Marie-Hélène Christensen
Maquette et couverture : Thierry Méléard
Fabrication : Jacques Lannoy

Imprimé en France par EMD S.A.S. - janvier 2005 - 53110 Lassay-les-Châteaux - N° dossier : 14257
N° d'éditeur : 10126517
Dépôt légal : octobre 2005